빅데이터 시대, 성과를 이끌어 내는

데이터 문해력

빅데이터 시대, 성과를 이끌어 내는
데이터 문해력

초판 1쇄 2021년 3월 5일
  6쇄 2024년 4월 12일

지은이 카시와기 요시키
옮긴이 강모희
발행인 최홍석

발행처 (주)프리렉
출판신고 2000년 3월 7일 제 13-634호
주소 경기도 부천시 원미구 길주로 77번길 19 세진프라자 201호
전화 032-326-7282(代) **팩스** 032-326-5866
URL www.freelec.co.kr

편집 고대광
표지디자인 황인옥
본문디자인 박경옥

ISBN 978-89-6540-291-6

빅데이터 시대, 성과를 이끌어 내는

데이터
문해력

DATA LITERACY

" 그래프와
도표만
바라보는
당신에게 "

카시와기 요시키 지음 | 강모희 옮김

프리렉

問題解決ができる！武器としてのデータ活用術

(Buki to shite no Data Katsuyojutsu : 6046-7)
© 2019 by Yoshiki Kashiwagi.
Original Japanese edition published by SHOEISHA Co.,Ltd.
Korean translation rights arranged with SHOEISHA Co.,Ltd.
through Eric Yang Agency.
Korean translation copyright © 2021 by Freelec

'앞으로는 데이터 활용의 시대이다!'
'빅데이터'
'데이터 사이언스'

등등.

이런 단어를 자주 듣고 있을 것으로 생각합니다.

그렇지만 그 빈도에 비해, '나는(혹은 우리 회사 직원들은) 데이터를 유용하게 활용해서 성과를 내고 있다'라는 이야기를 들은 적이 제 경험상 거의 없습니다.

필자는 '데이터를 무기화하는 과제 해결 전문가'로서, 민간 기업이나 지방자치단체 등을 고객으로 하여 데이터 활용 기술과 문제 해결 능력, 논리 사고력을 배양하는 일에 힘써 왔습니다. 대기업을 포함하여 연간 50개 기업 이상, 3,000명 이상을 대상으로 교육한 바 있습니다.

"데이터도 있고, 하고 싶은 일도 있는데 어떻게 하는지 모르겠다."

어디를 가든지 그러한 문제(고민)를 듣게 되는데, 이는 어디서 기인한 것일까요?

필자의 실무 및 교육 경험으로부터 나름의 해석과 가설을 세워 보았습니다. 그리고 그 가설에 따라 고객의 역량 강화 프로그램을 수행했습니다.

필자는 대학에서도 강의를 하고 있는데, 대학생뿐만 아니라 최근

에는 고등학생에게도 데이터를 무기로 한 문제 해결 능력과 논리 사고력을 가르치고 있습니다. 하루는 고등학생의 '데이터 활용 프로그램'에 있는 '데이터에 기반을 둔 제안 프레젠테이션'을 보고, 제가 데이터 활용의 본질에 대해 품고 있던 가설이 다음과 같은 확신으로 변했습니다.

"여기가 걸림돌이다. 그래서 데이터를 제대로 활용하지 못하는 것이다. 결과적으로 본질적인 문제 해결이나 제안에 이르지 못하고 있다."

그것은 필자가 가설로 삼았던 것과 같이, '통계 지식'과 '분석 방법에 대한 지식'과는 전혀 별개였습니다.

- 이 그래프나 데이터에서 어떤 것을 읽어낼 수 있을까?
- 이 데이터에서 인사이트를 얻으려면 어떤 분석 방법이 필요할까?

이것은 데이터를 활용하려고 하는 사람들이 대부분 맨 처음 생각하는 핵심입니다.

결론을 먼저 말씀드리자면, 이런 질문에 답을 구했다 할지라도 목적은 달성할 수 없습니다.

그뿐만 아니라, 이런 질문을 먼저 하는 것 자체가 문제입니다.

이 책에서는 "데이터를 활용해서 문제를 해결하거나 상대에게 설득력 있는 제안과 프레젠테이션을 하고 싶다. 그래서 뭔가를 해보지만, 결국은 데이터를 가공한 표나 그래프를 쳐다보며 대체 여기서 어떤 것을 말할 수 있을지? 무슨 말을 하면 좋을지? 의문이 생길 뿐이다."

라고 고민하는 여러분에게 필요한 것들을 전달하고자 합니다.

그러한 의미에서, 이 책은 새로운 '데이터 분석'이나 '알기 쉬운 통계'에 관한 서적이 아닙니다. 여기서는 성과에 더욱 직결되는, 좀 더 본질적이고 가치 있는 '데이터 활용 방식'에 대해 소개합니다.

'데이터 활용 방식'은 AI나 데이터 사이언스, 정밀 기계가 눈앞에 이미 도래한 시대에 인간이 가치를 창조하고 살아남으려면 정말로 필요한 기술 중 하나로서, 학생과 민간 기업의 직원, 자치 단체 구성원 등을 대상으로 한 '데이터 문해력'이라 할 수 있습니다. 이에 따라, 지금까지의 '데이터 해석 및 분석 방식'에 대한 관점과 접근 또한 크게 변화할 것입니다.

필자의 고객 중에도 "이전에 통계나 분석 방법에 대한 연수를 받은 적이 있으나, 결국 실무에 이를 활용한(혹은 가능한) 사람은 한 명도 없었고, 성과도 나오지 않았다"지만, 제가 제안한 프로그램으로 변경하고 나서는 실제로 성과를 낸 사례가 많았습니다. '눈이 확 트였다'라는 평가를 받기도 했습니다.

필자의 목표는 언제나, 분석과 통계의 정확도를 1%라도 더 높이는 것이 아니라, '실무에서 유의미한 성과를 내기 위해 필요한 일을 알아내는 것', '관계자가 정확히 이해하고 구체적인 행동이나 판단으로 옮길 수 있는 결론을 도출하는 것'입니다. 이는 지금까지 여러 대기업에서의 실무 경험과 다양한 직종에 걸친 교육 노하우 등을 통해 항상 제게 요구하던 것이자 중요하게 추구해 온 가치입니다.

또한, 필자가 하는 고등학생 대상의 프로그램이나 대학 강의도, 명칭은 '비즈니스 데이터 분석'입니다만, 실제로 가르치는 내용은 원칙적으로 이 책에 수록된 내용입니다. 이것이 앞으로의 시대를 살아가야 하는 학생들에게는 데이터 분석 방법과 통계보다도 중요한 필수 기술이기 때문입니다.

이 책를 읽으면서 차분하게 잠시 '생각'해 보길 바랍니다. 이 책에는 정답이 적혀 있지 않습니다. 여러분, 스스로가 '정답'을 찾는 데 필요한 사고방식과 핵심, 접근법 등이 쓰여 있을 뿐입니다.

데이터 분석, 데이터 활용이란 무릇 그런 것입니다.

그럼 시작해볼까요!

5 기법에 집착하지 마라   167

전체 구성력: 스토리(논리)를 만드는 힘

6 '결론은 이것이다' 정보를 요약하라   191

정보 집약력: 정보를 수집하고 결론을 이끌어내는 힘

7 **'데이터로 문제를 해결할 수 있다'는 착각**   209

시야확대력: 데이터로부터 시야를 넓히는 힘

8 **개인과 조직의 데이터 활용 능력을 높이는 방법**   227

실행력: 문해력을 실현하는 힘

앞으로 필요한 건
데이터 문해력:
분석보다 활용

기계가 할 일과
사람이 할 일

인터넷을 기반으로 한 기술의 발전으로, 우리가 접하는 데이터의 양과 질은 이전보다 극적으로 늘어났다고 해도 과언이 아닙니다. 많은 기업과 자치단체가 그 수혜를 최대한 활용하고자 애쓰는 것도 당연합니다.

그리고 요즘은 사회인이 되기 전에 그 능력을 배우거나, 몸에 배도록 하려는 활동도 활발합니다. 구체적으로 말하자면, 많은 대학에서 데이터 분석과 통계학 관련 강의가 만들어졌으며, 고등학교 수업에서도 데이터 분석과 활용을 목적으로 한 내용을 다루기 시작했습니다.

앞으로 분명 이런 기술과 능력이 더욱 필요해지고, 사회에서 활약하려면 반드시 갖춰야 할 역량 중 하나로 인식될 것입니다.

그렇지만, 잠시 기다려주시기 바랍니다. 그렇게 반드시 갖춰야 하는 기술의 '내용물'에 대해 진지하게 생각해본 적이 있는지요?

예를 들자면,

대량의 데이터에서 어떤 특징을 도출한다.

이는 많은 분들이 자기 것으로 만들고자 하는 기술 중 하나라고 생각합니다. 그럼, 이 기술의 내용은 무엇일까요? 다른 식으로 표현하자면, 이 목적을 달성하려면 무엇이 필요할까요?

구체적인 답을 생각해보기 전에, 일단 고객들이 제게 털어놓던 고민을 구체적인 사례로써 말씀드리도록 하겠습니다. 여러분에게도 이런 경험이 있지 않나요?

> "데이터를 활용해 성과를 내고 싶다고 생각해서, 인터넷이나 주변에서 손에 잡히는 데이터를 긁어모아 그래프나 표 등으로 가공한 다음, '이걸로 대체 뭘 설명할 수 있을까'를 고민하기 마련이다. 그리고 한참 있다 정신 차려 보면 몇 개의 곡선 그래프나 막대 그래프, 평균치 표 등만 나열되어 있다."

· · · · · ·

> "도대체 이것으로 무슨 말을 해야 할까?"

· · · · · ·

> "더 좋은 방법이 없을까……?"

이런 고민을 해결하기 위해, 대부분은 눈앞의 데이터에 답이 있다는 전제를 깔고, '지금 눈앞에 있는 데이터에서 어떻게 정보를 끌어낼까'라는 방법론을 생각하게 됩니다. 구체적인 사례로서 자주 등장하는 것이 '통계', '분석 방법', '데이터 사이언스' 등입니다.

물론 이러한 지식이나 기술을 전혀 사용하지 않는다면 아무것도 할 수 없을 것이 분명합니다.

따라서 다음과 같은 내용은 '데이터를 활용하기 위해서 배워둘 필요가 있다'라고 생각하게 됩니다.

- 통계학 지식

- 분석 이론 및 방법
- 데이터 가공 및 분석 작업 방식(엑셀이나 도구 사용법을 포함)

기계가 압도적으로 잘하는 일이 훨씬 많은 세상에서

그럼, 이 중에 사람이 아닌 기계나 도구(AI도 그 일부라고 생각합니다)에 필요한 것을 프로그래밍하고 입력함으로써 실현되는 것은 무엇일까요?

아마도 전부 '실현 가능'이라는 답변을 듣지 않을까요? 이와 동시에, 그런 도구와 기계를 입수하고 활용하는 데 드는 비용 또한 급속도로 줄고 있습니다. 이러한 경향은 앞으로도 계속될 것입니다.

예를 들어, 많은 통계 관련 지식을 정확하게 이해하고 기억하는 것이나, 어려운 계산을 정확하고 빠르게 실행해서 결과를 내는 것은 지금도 사람보다 기계가 압도적으로 잘하고 있습니다. 사람은 기억한 내용을 잊기도 하고, 입력 실수를 하기도 합니다. 계산을 잘못하거나 착각하는 때도 있습니다. 대량의 데이터와 정보를 적절히 파악하는 것에 매우 취약합니다. 수동으로 작업하게 되면 그만큼 시간과 노동력(그리고 인건비)이 소요되게 됩니다.

그렇다면, 사람이 기계에 도저히 대적할 수 없는 기술을 굳이 시간과 비용을 들여가며 익힐 필요가 있을까요? ATM이 늘어선 와중에, 창구에서 수동으로 전표 처리하는 방법을 적극적으로 배워야 할까요? 자동차를 운전하는 기술 또한, 앞으로는 굳이 배울 필요가 없을지도 모릅니다.

필자는 데이터 분석 기술이나 지식도 본질적으로는 이에 가깝다고 생각합니다.

중요한 것은 앞으로 자신에게 필요한 기술이 무엇인지 아는 것

물론 기계에 어떤 정보를 기억시킬지(통계 이론 및 분석 방법 등), 원리는 어떻게 되는지 등에 대한 이해는 없는 것보다 있는 편이 훨씬 낫습니다. 자신이 이용하는 도구에 대한 구조나 원리를 알게 되면 적절히 활용하고 있는지도 확인할 수 있기 때문입니다. 반대로, 그러한 도구나 기계를 개발하는 사람(데이터 과학자나 개발자)에게는 필수적인 지식입니다.

다만, 이러한 전문 직종 종사자가 아니라 자신의 목적이나 문제를 데이터로 풀어보고 싶어 하는 사람이라면, 정말로 꼭 필요한 것이 무엇인지 잘 생각해보고 공부해야 할 것입니다.

즉, '기계에 맡길 수 있는 일', '맡기는 편이 더 나은 일'과 '기계가 할 수 없는 것', '사람이 해야 하는 것'을 구별하고, 후자를 갈고 닦아 자신에게 필요한 형태로 효과적으로 활용해서 최대한의 결과물을 창출하는 것을 목표로 삼는 것입니다.

가치 있는 결과를 도출하기 위해서

'점점 편리해지는 기계와 도구들이 많아져 사용법과 조작법만 익히면 전부 알아서 해주고 원하는 것까지 손에 넣을 수 있는가'라고 묻는다면, 그 대답은 아쉽지만 NO입니다.

기계와 도구(그리고 그 조작법에 대한 지식)만 가지고는 성과가 나오지 않는다는 것을 아는 사람은 의외로 많지 않습니다. 통계를 배웠다거나 분석 방법을 책이나 교육을 통해 공부했음에도, 실무나 현장에서 제대로 활용하지 못해 고민하는 주된 원인이기도 합니다.

데이터를 최대한 활용하고 가치 있는 결과물을 도출하려면, 기계와 도구 조작법을 깊게 이해하는 것과 별개로, 우리가 직접 익혀야 하는 고도로 가치 있는 기술이 필요하기 때문입니다.

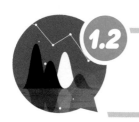

통계를 배워도 왜
활용하지 못하나?

'데이터 활용'이라는 목적을 달성하려면 기계와 도구 외에 어떤 것이 필요한지 생각해보도록 하겠습니다.

가령, 지금까지 말한 기계와 도구를 작업하기 위한 '상자'라고 한다면, 이 상자는 아무리 훌륭한 기능이 있어도 목적에 따라 필요한 정보나 목표를 주지 않으면 효과적으로 동작할 수 없습니다.

필자에게 '데이터를 더욱 잘 활용하고 싶은데 지금은 그게 안 된다'라는 고민을 털어놓은 기업 고객이나, 학생들에게 어떻게 하면 더 잘 데이터 문해력을 가르칠 수 있는지를 고민하는 대학이나 고등학교의 선생님들에게, 저는 **그림 1-1**과 같이 설명하고 있습니다.

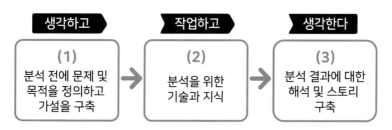

그림 1-1 데이터 활용에 필요한 3가지 상자

통계 지식이나 분석 방법 등, 기계와 도구가 더 잘하는 부분이 바로 가운데 있는 (2)번 상자입니다. 이 상자는 왼쪽에 있는 '(1) 분석 전에 문제 및 목적을 정의하고 가설을 구축'이라는 '입력(Input)'을 통해 비로소 효력이 생깁니다.

또한, (2)를 통해 도출된 결과물은 어디까지나 계산과 분석의 '결과'에 지나지 않습니다. '결과'는 (1)에서 정의한 목적과 문제에 대한 직접적인 해답이 되기 어려우며, 이 때문에 다른 사람에게 전달했을 때 이해를 받고 동의를 얻기 힘들어집니다.

그래서, 그 '결과'에 목적과 문제에 따른 해석을 추가해 '스토리', 즉 결론을 내리게 됩니다. 이것이 (3)에서 이루어지는 작업입니다.

필자는 이러한 일련의 과정이야말로 '데이터를 활용하기' 위해 반드시 필요한 것이라고 말합니다.

가치 있는 기술이란

앞서 말한 대로, 고객 대부분 데이터 활용을 잘 못 하는 이유로 (2)의 기술과 방법론이 부족하기 때문이라고 여기고 있습니다.

분명 그 자체에 문제가 있는 상황도 드물게 있지만, 만약 문제가 있다고 하더라도 해결하기 위해 사람이 분석 작업 기술을 향상하기보다 기계로 해결 가능한 경우가 더 많습니다.

한편, 고객들로부터 이야기를 들으면 들을수록 **그림 1-1**에서 (2)를 제대로 활용하지 못했던 경우보다 (1)과 (3)이 부족하거나 적절하지 못했던 경우가 훨씬 많았습니다.

즉, (2)의 대표 격인 통계학과 데이터 분석 방법을 발전시키는 것은 고민에 대한 본질적인 해결책이 될 수 없습니다. 야구의 규칙을 알고 있다고 해서 안타를 칠 수는 없는 것과 마찬가지입니다. 대신 (1)과 (3)에서 나타내듯, 통계와 분석 방법을 활용하기 위한 '사고방식'이 필요한 것입니다.

그리고 이들은 매뉴얼이나 교과서에 쓰여 있는 대로 흉내 내거나, 기계의 시작 버튼을 누른다고 해서 답이 나오는 것이 아닙니다. 쉽게 답이 나오지 않기 때문에, (1)과 (3)이 높은 가치를 가진 기술이라고 하는 것입니다. 필자는 이것이 살아남기 위한 기술이라고 확신합니다.

반드시 습득해야 하는 기술이 무엇인지 다시 확인한다

그럼, **그림 1-1**의 3가지 상자 위에 있는 단어에 주목하길 바랍니다. '생각한다'라는 부분과 '작업한다'라는 부분을 명확히 구별하고 있습니다.

'작업한다'라는 부분은 바로 기계가 사람보다 압도적으로 빠르고 정확하게 처리 가능한 내용입니다. 사람이 가치를 창출할 수 있는 것은 '생각'의 부분, 즉 (1)과 (3)에 해당됩니다.

여러분은 작업에 사용하는 기술인 (2)를 개발하고 싶으신가요?

아니면, (2)를 활용하기 위한 입력(Input) 및 결과물(Output)에 대한 기술인 (1)과 (3)을 향상하고 싶으신가요.

일단은 그것을 명확히 인식해야 합니다.

이 책에서는 (1)과 (3)을 고부가가치 기술을 가진 '데이터 문해력

(literacy)'이라고 정의하고, 이를 깊이 있게 파고들고자 합니다. 이러한 기술에 대한 구체적인 내용과 사고방식, 기법 등은 다음 장에서 보다 자세하게 소개할 예정이나, 그전에 이를 가로막는 여러 가지 상황을 확인해보도록 하겠습니다.

여러분도 자가 점검으로 확인하기 바랍니다.

1.3

데이터를 먼저 보지 마라
- 데이터 안에 답은 없다

필자의 강의와 워크숍에서는 '**그림 1-2**'와 같은 그래프를 예로 듭니다.

여러분은 이 데이터(그래프)를 어떤 식으로 활용할 생각이신가요?

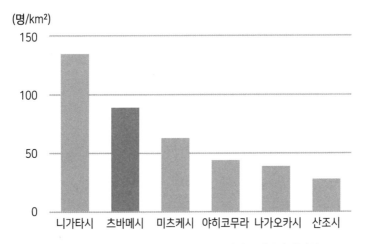

그림 1-2 아동 인구밀도(아동인구/평방킬로미터, 2015년) (인용: 총무성 '인구통계' 등 자료를 가공)

필자의 워크숍에 참가했던 분들은 '츠바메시의 아동 인구밀도가 니가타시보다 작다'거나, '산조시보다도 2배나 많다'라는 등의 의견을 제시합니다.

그렇다면, 이러한 접근 방식이 정말로 데이터를 잘 활용하는 것일까요? 이렇게 도출된 결론이 과연 유용한 정보라는 생각이 들까요?

이는 '데이터를 통해 할 수 있는 말'일 뿐이며 비즈니스 현장에서는 쓸모없을 것입니다.

실제 워크숍에서 참가자들에게 생각해보라고 한 것은,

"이 그래프를 통해 무엇을 말할 수 있을까요?"가 아니라,

"이 그래프를 작성한 사람은 (그래프 작성 전에) 무엇을 말하고 싶었을까요?"

입니다. 여러분은 이 두 가지 질문의 의도를 눈치채셨나요?

전자는 '데이터와 그래프 중심의 사고'를 전제로 한 질문으로, 누군가가 만든 데이터와 그래프를 읽어내는 것만 추구하는 것입니다. 이 경우, 자신이 알고 싶은 것(목적)이나 그 목적에 부합한 데이터의 선택, 데이터를 보는 관점을 전부 고려하지 않게 됩니다.

한편 후자는 '목적 사고력'이라 할 수 있습니다. 데이터 작업 전에, 애당초 무슨 말을 하고 싶은지(무엇이 알고 싶은지)를 생각해보고 이에 필요한 데이터를 활용해 작업을 진행하는 접근 방식입니다.

필자가 목표로 하는 데이터 문해력이란 바로 후자에 해당합니다.

'데이터 활용을 못 하는' 사람들의 공통적인 과제, 문제점

앞 절에 있었던 **그림 1-1**의 (1)과 (3)의 필요성을 아직 인식하지 못했거나, 필요한 것은 알지만 제대로 실천하지 못하는 사람들에게는 어떤 공통점이 있습니다. 그중 하나는 '눈앞에 있는 데이터를 보는 것에서부터 시작한다'는 것입니다. 나열된 숫자를 보면 일단 그래프를

그려보고, 평균과 합계를 내보는 등의 행동을 취합니다. 경험한 적 있으신가요?

실은 이러한 행위가 여러분을 '데이터 활용을 못 하는' 사람으로 만들어버리는 것입니다.

데이터 분석을 실무에서 활용하지 못하는 사람들은 대체로,

"이 데이터를 적당히 건드리다 보면 뭔가 유용한 정보가 나오겠지. 아무것도 안 나온다면 분석 방법이나 지식이 부족하기 때문일 거야." 라고 생각해서 즉,

데이터와 (2)작업을 선행한다

는 것입니다.

그러면 여기서, 정말 중요한 일이 뭔지를 전하고자 합니다. 데이터가 여러분에게 직접적인 답을 주는 경우는 없습니다. 설령 아무리 고난도의 통계와 분석 방법을 구사하더라도 말입니다.

대신, '당신이 무엇을 알고 싶은지, 이를 알게 되면 무엇을 하고 싶은지, 이를 위해서는 어떤 데이터(지표)가 필요한지'

이를 구체적으로 생각하는 것이 무엇보다도 중요합니다. **그림 1-1**의 (1)에서 해야 하는 일이 바로 이것입니다. 이 부분이 빠져 있는 채로 데이터를 아무리 쳐다보고 있어 봤자, 쓸모없는 그래프만 양산될 뿐입니다.

이 문제의 본질은 **그림 1-3**과 같이 설명할 수 있습니다. 가령 '알고 싶은 것, 말하고 싶은 것(목적)'과 '해결하고 싶은 것(문제)'이 명확하다고 하고, 이를 위해 필요한 정보의 범위를 테두리로 표시하겠습니다.

이것에 해당하는 목적, 문제와 관련 있을 법한 데이터가 눈앞에 나열된 상황에서, 사고가 정지된 채 이 데이터를 이용하게 된다면 어떤 일이 일어날까요?

이 데이터는 가운데 아래에 있는 동그라미의 정보만을 취합하게 될지도 모릅니다. 그래도 억지로 분석법과 통계 방법론을 적용하여 어떤 식으로든 계산 결과를 내는 것은 가능할 것입니다. 하지만, 그러한 계산 결과를 통해 얻을 수 있는 정보는 가장 작은 흰색 동그라미에 불과합니다.

이 상황이 어떤 것인지 잠시 생각해보도록 하겠습니다. '관련 데이터에서 정보를 얻었다'라고 말할 수도 있습니다. 하지만 '본질적으로 필요한 정보를 총망라해서 취득했다'고는 할 수 없습니다. 그리고 분석을 수행한 당사자인 여러분 또한 자신의 잘못이 뭔지를 이해하고 있을 것입니다.

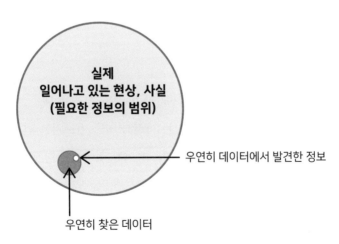

그림 1-3 정말로 그 '데이터' 안에 해답이 있을까요?

저는 강연이나 교육을 하면서 이를 더욱 극적으로 표현하기 위해 '데이터 안에는 해답 따위가 존재하지 않는다(있다고 생각하면서 데이터를 만지작거리다 보면 그것만 하다가 끝나버린다).'라고 말하고 있습니다.

① 데이터를 적절하게 분석하면 문제와 목적, 결론이 나올 것으로 생각한다(이것은 본래 분석자 스스로가 생각해야 하는 것).

② 눈앞의 데이터를 적절히 가공하면 뭔가 유용한 정보를 얻을 수 있을 것으로 생각한다. 아무것도 안 나오게 되면, 분석 방법에 문제가 있다고 생각한다.

그림 1-4 자주 겪는 문제점

미래에 정말 필요한 지식이란?

고등학생이나 대학생처럼 미래에 가치 있는 성과를 내고 살아남기 위한 무기를 습득할 필요가 있는 사람과 이를 가르치는 선생님들은 '방법론이나 지식' 또는 '그 활용법' 중 어떤 것이 필요한지 먼저 확인하는 것이 중요합니다. 쉬운 예를 들어보면, '글로벌 환경에서 필요한 소통을 할 수 있을 것'이 목적인 경우, '영어 단어와 문법만을 공부해서 과연 목적 달성이 가능할까?'라는 질문과 같습니다.

단어와 문법은 최소한으로 공부할 필요가 있으나 더 중요한 능력은 바로 그것을 제대로 구사해서 소통할 수 있어야 한다는 것입니다. 그러한 능력을 키우겠다고 단어와 문법만 더 파고든다면 결국은 실현할 수 없습니다(물론, 영문학자나 프로 통역, 번역사가 되는 것이 목표라면 이야기는 다릅니다. 프로 데이터 과학자가 되고 싶다면 고난도의 통계와 분석, 머신러닝, 프로그래밍 등의 기술이 필요한 것과 마찬가지입니다).

이 책에서 전하고자 하는 메시지

데이터 분석 자체가 목적이 되기 십상이다.

이것은 필자가 절실히 느끼는 부분입니다. 데이터와 데이터 분석은 목적을 달성하기 위한 도구에 지나지 않습니다. 어디까지나 하고 싶은 말과 해결하고 싶은 것이 있기 때문에 이러한 목적에 대한 인프라나 도구로서 데이터를 활용하는 것입니다. 인프라와 도구가 단독으로 일을 성사시킬 수는 없습니다.

독자 여러분에게 '기존의 데이터 독해법, 분석법(데이터 중심 접근)'에 대한 기술이나 고난도의 방법론이 아니라, 자신의 목적과 문제를 올바른 데이터로 적절히 활용해서 가치 있는 결과물을 낼 수 있도록 하는 사고방식과 기술을 소개하고자 합니다.

여기까지의 내용을 바탕으로 모쪼록 여러분의 '데이터 분석 및 활용'에 대한 현재 수준(레벨)을 확인해주길 바랍니다. 실무 경험이 없으신 분은 지금까지 '데이터 분석 및 활용'에 대해 갖고 있는 이미지 등을 떠올리면 됩니다.

여기서 주의해야 할 점은, '레벨 1 → 2 → 3'과 같은 식으로 능력을 끌어올리는 것이 아니라는 점입니다. 이 장에서 말하는 결론은 '레벨 3을 바로 시작하자'입니다.

레벨 1 ≒ 그래프 중심

주제에 부합할 법한 그래프를 일단 모은 다음, 거기서 읽어낼 수 있는 것을 결론으로 하는 것입니다. 스스로 문제의식과 구체적인 주제를 생각하는 것이 서투른 고등학생들이 빠지기 쉬운 패턴이라고 할 수 있습니다.

그래프에서 정보를 얻는 것 자체가 이미 분석이라고 하기 어렵고, 복수의 그래프를 억지로 연결해서 내린 결론은 논리가 결여되어 있기 마련입니다.

결론 : 그래프를 통해 알 수 있는 것은 XXXXXX 입니다.

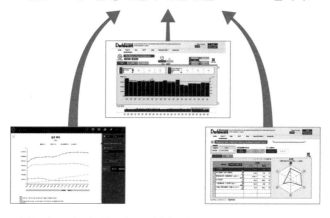

그림 1-5 레벨 1: 기존 그래프와 표를 모아보고 거기서 무엇을 알 수 있는지 생각한다.
(출처: 통계 대쉬보드 https://dashboard.e-stat.go.jp, 지역경제분석시스템(RESAS) https://resas.go.jp/)

레벨 2 ≒ 데이터 중심

레벨 1과의 차이는 수집한 데이터를 직접 그래프 등으로 가공하는 단계가 들어간다는 점입니다. 자신이 직접 작업하기 때문에 '분석하고 있다'는 느낌은 들지만, 그로부터 얻을 수 있는 결론은 레벨 1과 별반 차이가 없습니다.

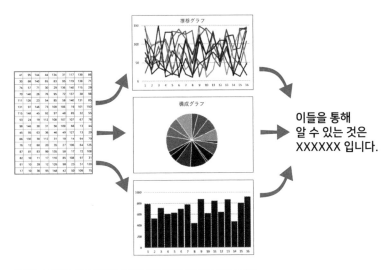

그림 1-6 레벨 2: 기존 데이터에 어떤 패턴이 있는지 읽어내려고 한다.

레벨 3 ≒ 목적 중심

'기존 그래프와 데이터를 통해 알 수 있는 것이 무엇인지'가 아니라, 나 자신이 알고 싶은 것(목적)에 따라 데이터를 수집하고 분석해서 그 결과를 검증하고 결론으로 연결하는 것입니다.

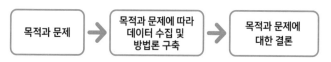

그림 1-7 레벨 3: 목적(알고 싶은 것)을 명확히 하고, 이를 검증하기 위한 데이터와 방법론을 구축한다.

책에서 말하고자 하는 데이터 활용 프로세스

레벨 3을 바로 시작하는 데 필요한 데이터 활용 프로세스는 **그림 1-8**과 같습니다. 2장에서는 이러한 프로세스에 따라 함께 능력을 키워나가고자 합니다.

지금 시점에서는 프로세스 하나하나를 이해할 필요는 없습니다. 이런 흐름으로 프로세스가 진행된다고 알아두면 됩니다.

그림 1-8 데이터 활용 프로세스

2

올바른 데이터로 올바른 문제를 풀고 있는가?

목적 사고력: 목적에 맞게 문제와 데이터를 연결하기

데이터 활용에 실패하는 두 가지 이유!

"데이터에서 유효한 정보를 읽을 수 없어."

"항상 그래프만 잔뜩 그리고는 고민에 빠지게 돼."

이렇듯 '데이터를 제대로 활용하지 못하는' 초보적인 문제부터 '데이터에서 결과를 얻었다'라고 생각했지만(스스로 알아차리지 못한 채) 실제로는, 그렇지 못한 치명적인 문제에 이르기까지, 원인은 매우 다양합니다.

반면, 많은 고객의 데이터 활용 문제를 수없이 해결하면서 필자가 체감한 바로는, 적어도 이러한 문제 중 3분의 2 이상이 원인은 같은 곳에 있었습니다.

대부분은 먼저 '분석 방법이 틀렸다'라며 '방법론'을 원인으로 지목합니다.

하지만, 필자는 다음 두 가지가 주요 원인이라고 봅니다.

- **주요 원인 1: 풀고자 하는 문제가 명확하지 않다.**
  - Are you solving the right problem?
- **주요 원인 2: 정의한 문제와 사용하는 데이터가 일치하지 않는다.**
  - Are you using the right data?

이러한 두 가지 원인의 근간에는 앞선 1장에서도 설명한 것처럼 '눈앞의 데이터를 적당히 가공하면 뭔가 유용한 정보를 얻을 수 있을지 모른다'라는 생각이 존재합니다.

이 원인을 극복하기 위해서는(≒ 데이터 활용을 잘하기 위해서는) 매우 중요한 점이기 때문에 다시 한번 강조하고자 합니다. **그림 2-1**을 봐주시기 바랍니다.

- 무엇을 어떻게 해야 할지 전혀 모르는 사람
- 데이터 분석에만 시간을 할애하는 사람

- 데이터에서 필요한 정보를 획득할 수 있는 사람
- 데이터 분석을 효율적으로 하는 사람

그림 2-1 데이터 활용의 성공과 실패를 가늠하는 정반대의 접근법

PC를 켠 다음, 늘상 보는 데이터를 앞에 두고 가장 먼저 해야 할 일은 '이 데이터, 어떻게 분석할까?'를 생각하는 것이 아닙니다. 그것은 How-to(방법론)만을 생각하는 상태로, '수단'에 지나지 않습니다.

하지만, 실제로는 이렇게 생각하는 사람(그리고는 거기서 좌절해버립니다)이 매우 많습니다. 그리고 이러한 사고가 '데이터 활용'이라는 목적에 가장 치명적인 원인이 된다는 것을 모르고 있습니다.

그럼, 이 두 가지 주요 원인을 각각 파헤쳐 보도록 하겠습니다.

2.2 풀고자 하는 문제가 명확하지 않다

(Are you solving the right problem?)

"우선 여러분은 무엇이 알고 싶은지 알고 있나요?"

데이터 분석 중인 사람에게 옆에서 이런 질문을 갑자기 던지면, 대부분은 어리둥절한 표정을 짓습니다. 분명 '그야 당연히 알고 있지!'라고 대답하는 사람이 대다수일 것입니다. 그런데 정말로 그럴까요?

예를 들어, '우리 지역의 인구 문제를 데이터로 분석해보자'라는 주제를 생각해보겠습니다. 여러분은 이러한 주제로 데이터를 활용해서 분석한다고 할 경우, 일단 무엇부터 시작할까요?

데이터를 모아 현재 상황을 파악한다.

이것이 아마도 일반적으로 가장 많이 나오는 답변일 것입니다.

대체 '구체적으로' 인구 문제의 어떤 부분을 알고 싶은가요?
어떤 종류의 인구 문제를 해결하고자 하나요?

문제를 정의하는 구체적인 방법으로, 예를 들어 다음과 같은 것을 생각할 수 있습니다.

- 인구 감소 문제를 해결하거나 완화하고자 한다.
- 저출산 고령화 문제를 해결하거나 완화하고자 한다.
- 인구 유출을 막고 유입을 촉진하고자 한다.

- 지역 산업의 쇠퇴를 해결하거나 완화하고자 한다.
- 서비스 업종에서의 인력 부족을 해결하고자 한다.

여기서, '이 중에서 어떤 게 정답일까'라고 생각하신 분은 주의할 필요가 있습니다. 왜냐하면, '어딘가에는 절대적인 정답과 진리가 있고 그것을 어떻게 찾아낼 수 있을까'라는 생각에 빠져 있기 때문입니다.

지금까지의 교육은, 오직 어딘가에 있을 절대적인 정답과 진리를 어떻게 찾아내는지'에 초점이 맞추어져 있었습니다. 즉, 정답은 어딘가에 있으며 그것을 어떻게 정확하고 빠르게 찾아내는가 하는 접근 방법에 중점을 두고 있다는 말입니다.

그런데 이런 사고방식만으로는 현재와 미래에 통하지 않는다는 것이 큰 문제입니다. 자신이 알고 있거나 생각해낸 것뿐만 아니라, 광범위하고 객관적인 주장을 합리적으로 전달할 수 있는 효과적인 도구(무기)가 바로 데이터입니다.

절대적인 정답이 존재하지 않을 때, 여러분은 자신의 생각을 무엇으로 논리적이고 객관적으로 상대방에게 전달하고 이해시킬 수 있을까요? 자신의 결론으로 이끌어 내는 이야기를 만드는 능력이 앞으로 더욱 중요해진다는 것은 더 말할 필요도 없습니다.

가장 먼저 해야 하는 작업은 '목적과 문제에 대한 정의'

그럼, 조금 전의 인구 문제로 돌아가 보겠습니다. 만약 이 문제에 대한 목적을 명확히 설정하지 않은 채 작업을 시작하게 된다면 어떤 일이 벌어질까요?

아마도 인구 문제와 관련이 있어 보이는 데이터를 모은 다음, 그것을 가공해서 그래프로 그리고, 거기서 '어쩌다' 발견한 사항들을 열거해서 '데이터에서 이런 결론을 얻을 수 있었습니다'라며 마무리할 것이 불 보듯 뻔합니다.

분명 그래프에서 뭔가를 읽어낼 수는 있을 것입니다. 그러나 '이런 결론을 얻을 수 있었습니다'라는 말을 들은 상대방은 아마도 이렇게 생각할 것입니다.

"그래서, 결국 무슨 말이 하고 싶은 거지? 그게 본질적이고 가장 중요한 사항인가?(그래프에서 무엇을 발견했는지는 알겠는데…)"

그럼, 데이터 활용을 위한 프로세스로 돌아가 보겠습니다. 앞서 1장 마지막에 있었던 데이터 활용 프로세스를 다시 다음 **그림 2-2**로 게재하도록 하겠습니다.

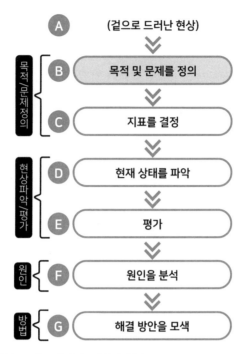

A (겉으로 드러난 현상)

목적/문제정의
- B 목적 및 문제를 정의
- C 지표를 결정

현상파악/평가
- D 현재 상태를 파악
- E 평가

원인
- F 원인을 분석

방법
- G 해결 방안을 모색

그림 2-2 데이터 활용 프로세스 - 목적 및 문제를 정의한다

    목적을 설정하지 않은 채 진행한 것은 앞선 그림의 'D'에서 출발한 것과 같습니다. 그렇게 되면, 중요한 절차인 'B'와 'C'가 빠져버리게 됩니다.

    데이터 활용에서 먼저 해야 하는 작업은 '목적과 문제를 정의하는' 것입니다.

- 나는 무엇을 알고 싶은가
- 나는 무엇을 해결하고자 하는가

이 두 가지를 명확히 하는 것에서부터 활용 프로세스는 시작합니다. 이들은 '이미 아는 것'인 경우가 많으며 그러므로 의식적으로 '다시 확인한다' 정도의 인식을 하고 있으면 충분합니다.

왜냐하면, 대부분은 겉으로 드러난 상황이나 문제(**그림 2-2**에서 A에 해당하는 부분) 그 자체가 여러분이 풀고자 하는 문제를 직접적으로 드러내고 있다고 단정할 수 없기 때문입니다. 조금 전 예를 들었던 '우리 지역의 인구 문제'라는 것이 '인구가 감소하고 있다'라는 현상 그 자체만 가리킨다고 한다면 풀어야 할 문제가 무엇인지 말하기는 어렵습니다. 데이터를 활용하고자 진행하면서 자신이 어떤 문제를 풀어야 할지, 어떤 것을 알아야 할지 등을 명확히 정의하지 않은 채 시작한다면 결과는 엉망이 되기 십상입니다. 하지만 실제로는 이런 일이 빈번하게 일어나고 있습니다.

자신이 알고 있거나 보고 들은 적이 있고 경험한 적 있는 직접적인 대상은 어디까지나 겉으로 드러난 현상과 사실이기 때문에, 앞으로 다루게 될 '문제와 목적'이라고 하기엔 충분하지 않다는 것을 항상 염두에 두기 바랍니다.

그러면 목적과 문제를 정의할 때 확인해야 할 포인트를 두 가지 소개하겠습니다.

포인트 1: 사용된 언어가 구체적이고 명확한가?

'인구 문제'의 예를 들자면, 여러분이 알고 싶은 것과 말하고 싶은 것이 무엇인지 명확히 할 필요가 있습니다. 무엇이 문제이며 구체적으로는 어디 사는 누가 어떤 식으로 곤란에 처해 '문제'가 발생한 것인지, 이점을 명확하게 해야 합니다.

이러한 생각 없이 우연히 눈에 띈 데이터를 모아 그래프로 그려 봤자, 의미 있는 결론이 나오길 기대할 수 없습니다. 거기서 알게 되는 사항은 어쩌다 나온 사소한 발견일 뿐입니다. 그 안에는 어떠한 논리성도 객관성도 없다는 것을 이전에도 설명한 바 있습니다.

문제를 좀 더 구체적으로 정의한 예를 들자면, 앞서 열거한 것처럼 '저출산 고령화 문제(여기서 더 구체화할 수도 있겠습니다)'와 서비스업 인력 부족에 따른 주민 생활 불편 등이 있습니다. 그렇게까지 구체적으로 정의하지 않더라도, '인구가 감소하고 있다'라는 사실 자체를 문제로 정의할 수도 있습니다.

반복해서 말하지만, 정답은 없습니다.

그러나 자신이 무슨 말을 하고 싶은지 구체적으로 정의하는 것은 데이터를 활용할 때의 필수 조건입니다. 왜냐하면, 주요 원인 2에서 언급하겠지만, 문제를 정의하는 방법에 따라서 활용하게 될 데이터가 달라지기 때문입니다. 자신이 말하고 싶은 것이 구체적으로 정해지지 않은 상태에서 작업을 진행하게 되면, 어떤 데이터를 사용했는지에 따라 각각의 문제에 영향을 줄 뿐만 아니라, 결과물에서도 가장 중요한 전체적인 스토리 구조가 모호해지게 됩니다.

이렇게 되면 아무리 좋은 데이터나 훌륭한 분석 방법을 사용한다고 하더라도 상대방을 이해시키기가 어려워질 것입니다.

포인트 2: '문제', '원인', '해결 방안'을 구분하고 있는가?

여기서 소개하고자 하는 내용은 5장에서 다룰 내용과도 연관이 있습니다만, 일단 문제 정의에 있어서 주의할 사항을 설명하겠습니다.

- '문제'가 무엇인가
- 그 문제를 일으키는 '원인'은 무엇인가
- 그 원인에 대한 '해결 방안'은 무엇인가

앞의 세 가지를 구분해 인식하는 것이 중요합니다. 그 이유에 대해서는, 다음의 인구 문제로 예를 들어 생각해보겠습니다.

(A) 인구 감소 문제를 해결하거나 완화하고자 한다
(B) 저출산 고령화 문제를 해결하거나 완화하고자 한다
(C) 인구 유출을 막고 유입을 촉진하고자 한다
(D) 지역 산업의 쇠퇴를 해결하거나 완화하고자 한다
(E) 서비스 업종에서의 인력 부족을 해결하고자 한다

예를 들어 여기서는 '(A) 인구 감소 문제를 해결하거나 완화하고자 한다'를 '문제'로서 정의하겠습니다. 그럼, '(C) 인구 유출을 막고 유입을 촉진하고자 한다'는 (A)라는 문제를 일으키는 '원인' 중 하나로 생각할수 있습니다(**그림 2-3**).

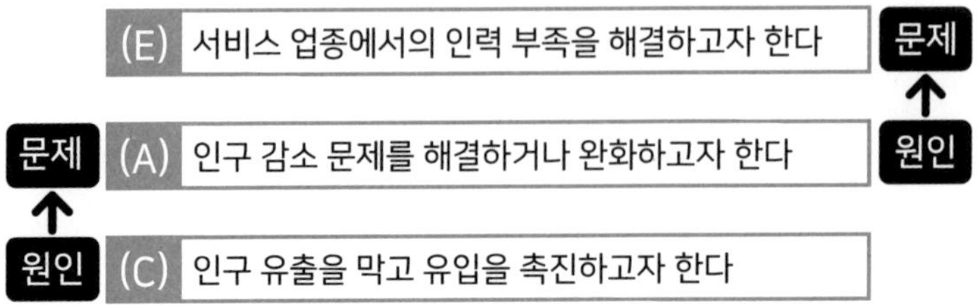

그림 2-3 무엇을 문제로 정의할 것인가?

마찬가지로, 만약 '(E) 서비스 업종에서의 인력 부족을 해결하고자 한다'를 '문제'라고 정의한다면, 조금 전에 '문제'라고 정의한 '(A) 인구 감소 문제를 해결하거나 완화하고자 한다'가 (E)라는 '문제'의 '원인'이 되는 것입니다.

만일 이것을 이해하지 않은 상태에서 (C)와 관련된 데이터에서 '인구 유출과 유입'에 대한 분석 작업을 시작한 사람에게 '당신은 대체 이 데이터를 통해 무슨 결론을 내리려고 하나요?'라고 묻는다면, 아마도 '인구 유출과 유입에 대한 데이터를 통해 유출이 얼마나 많은지 시각적으로 보여주려고 합니다'라는 식으로 대답하지 않을까요?

이것은 '인구 유출과 유입에 대한 데이터를 보고 유출이 어느 정도인지 시각화'하는 목적이 무엇인지 명확히 이해하지 못하는 상황입니다. 프레젠테이션 발표자료에 인구 유출과 유입 관련 그래프를 올려놓고 그 제목에 '매년 인구 유출이 급증하고 있음!'이라고 달아 놓은 것과 마찬가지입니다. 결국 무슨 말을 하고 싶은 건지, 어떤 것이 심각한 문제이며 효과적인 해결책은 무엇인지가 나와 있지 않습니다. 발표를 듣는 사람들이 가장 알고 싶어 하는 것은 제시되지 못한 최악의 상황이 연출되는 셈입니다.

한편, '해결 방안'만 강조하는 경우도 많습니다. 애당초 '해결 방안'이란 것은 겉으로 드러난 문제를 비근원적으로 대처하는 것이 아니라, 문제를 일으키는 '원인'을 규명해서 이에 대한 '방안'을 적절하게 마련하는 것입니다(자세한 내용은 5장에서 다루도록 합니다).

예를 들어 '우리 지역은 인구 유출을 완화하는 방안이 효과적이지 않다'라는 것을 '문제'라 정의해보겠습니다. 이때 '완화 방안'이란 인구 유출에 대한 해결 방안 중 하나라고 볼 수 있지 않을까요? 즉, 이미 '완화 방안'이란 해결 방안을 전제로 하여 이것이 효과적이지 않다는 것을 문제로 삼고 있습니다. 하지만 그 해결 방안이 '효과적이지 않은' 상황을 데이터로 보여줘 봤자, 이미 전제가 깔려 있기에 다음과 같은 질문을 받을 가능성이 큽니다.

"그래서 결국은 어떤 문제를 해결하고자 하는 건가요?"

"인구 유출 원인 중 어떤 것을 해결하는 방법인가요?"

"그 방법 이외에 취할 수 있는 다른 해결 방안은 없습니까?"

그림 2-4 목적 및 문제를 정의할 때 주의할 점 3가지

작업을 시작하기 전에, 해결하고자 하는 '문제'와 그 '목적'에 대해 명확히 할 필요가 있습니다. 여러분이 설정한 '목적'에 대한 '문제', '원인', '해결 방안'이 구분되어 있는지, 결론적으로 말하고 싶은 것과 해결하고자 하는 것(목적, 문제)이 명확한지도 확인해야 합니다.

그렇지만 이러한 문제는 단순히 '문제', '원인', '해결 방안'을 구분만 하면 그만이란 소리가 아닙니다. 자신이 '문제'라고 정의한 것 중에 무의식적으로 다른 요소들이 혼재하는 경우도 많기 때문입니다.

'문제 정의'에 대한 사례

그럼 실제 사례를 소개해볼까 합니다. 자신이 데이터 활용에 참여한다고 전제하고서 '목적과 문제'를 어떻게 정의할지, 어떤 부분에 문제가 발생할 소지가 있을지, 지금까지 설명한 관점을 전부 동원해서 생각해보기 바랍니다.

(A)인재 파견 회사의 경우

"사무직 관련 제안이 많은 회사라는 이미지가 생겨서 제조업종 관련 인재 확보가 어렵다."

"양질의 파견직이 직접 고용으로 전환되어 인재 풀이 점점 줄어들고 있다."

(B)IT 기업의 경우

"인재 부족 때문에 효율적이고 효과적인 영업 활동을 못 하고 있다."

"작업 효율화를 통해 구조 조정을 진행하고자 한다."

(C) 물류 기업의 경우

"유연한 근무 환경을 도입하기 위해 필요한 내용을 제안하고자
한다."

앞선 사례에 대해 '정답은 무엇일까'라는 관점은 취하지 않도록 합니
다. '어떤 식으로 생각하고 정리할까', '상대가 이해하려면 어떤 정보와
설명이 필요할까'라는 관점에서 생각하도록 합니다.

그럼 필자가 진행했던 워크숍에서 이들 과제를 다루면서 진행한 토
론 중 일부를 소개하도록 하겠습니다.

(A) 인재 파견 회사 사례에 대한 토론

"사무직 제안이 많은 회사라는 이미지 때문에, 제조업종 관련 인재
풀 확보가 어렵다."

"보유했던 양질의 인재가 점점 직접 채용이 되는 바람에, 인재 풀이
점점 줄어들고 있다."

첫 번째 정의를 보면, '제조업종 관련 인재 확보가 어렵다'라는 '문제'
와 '사무직 관련 제안이 많은 회사라는 이미지가 생겼기 때문에'라는
문제의 '원인'이 섞여 있습니다. 데이터라는 객관적인 정보를 이용해서
'문제'의 '원인'을 규명하고 그 해결 방안을 수립하고자 하는데, 시작도
하기 전에 주관적인 자신의 추측(사무직 관련 제안이 많은 회사라는 이미
지가 생겼다)을 가지고 원인을 단정짓는 것은 바람직하지 않습니다. 그
렇게 되면 '데이터를 활용한다'라는 기반을 스스로 허무는 것과 마찬가

지입니다.

한 걸음 더 나아가서, '제조업종 관련 인재 확보가 어렵다'라는 말보다 구체적으로 어떤 문제가 일어나고 있는지 제시하는 것이 더욱 명확한 문제 제기입니다. 예를 들어, '제조업종 관련 채용 정보를 많이 올리고 있는데 그 수요를 충족시킬 인재가 충분하지 않아서 기회 손실이 막대하다'라는 것은 어떨까요?

이 경우, 제조업 관련 채용 정보 수를 자사의 인재 풀 수와 비교하고, 이를 다른 업종과 다시 대조해본다면 듣는 사람도 '그게 문제군요!'라고 말할 수 있습니다.

그럼 두 번째 정의를 생각해보겠습니다. '인재 풀이 점점 줄어들고 있다'라는 것은 겉으로 드러나는 현상에 지나지 않습니다. 우리 눈에 보이는 현상으로 인해 어떤 곤란한 점이 있는지, 무엇이 '문제'인지 명확히 하지 않는다면 상대방을 제대로 이해시킬 수 없습니다. 이 상태로 진행하게 되면 그저 '인재 풀 수'의 추이를 그래프로 보여준 다음, '보세요, 하락하는 것이 문제네요'라는 결론에 도달할 수밖에 없습니다. 그것은 현상(사실)을 데이터로 시각화한 것일 뿐, '그래서 뭐가 얼마나 심각한 문제인데?'라는 핵심은 제시할 수 없는 것입니다.

(B) IT 기업 사례에 대한 토론

"인재 부족으로 효율적이고 효과적인 영업 활동을 못 하고 있다."
"작업 효율화를 높여 구조 조정을 하고 싶다."

첫 번째 정의에 따라 '효율적이고 효과적인 영업 활동을 못 하고 있다'를 '문제'로 설정한 경우, 그 문제 정의 안에 이미 '인재 부족'이라는 '원인'이 뒤섞여 있습니다. 그런데 그 원인이란 것이 현시점에서는 '가정'이나 '가설'에 지나지 않습니다. 스스로가 그 원인이 가정이라는 것을 인식하고 그 이외의 원인을 찾아보고자 한다면 큰 문제가 되지 않습니다만, 대체로 그렇지 않다는 것이 필자의 생각입니다.

그리고 '문제'란 대체 무엇일까요? '효율적이고 효과적인 영업 활동을 못 하고 있다'란 것이 가장 곤란한 점일까요?

'효율적이고 효과적인 영업 활동을 못 해서' 어떤 곤란한 점이 생겼는지 제시하지 않는다면 상대방은 그 문제의 심각성을 알 수 없습니다.

예를 들어, '수주 수가 급감했다'를 '문제'로 삼는다면, '효율적이고 효과적인 영업 활동을 못 하고 있다'는 것은 가정된 '원인' 중 하나로 간주할 수 있습니다. 그리고 '효율적이고 효과적인 영업 활동을 못 하고 있다'는 것은 어떠한 '원인'을 풀기 위한 '해결 방안'을 설명하고 있다고 할 수도 있습니다(**그림 2-5**).

즉, '문제'란 '수주 수가 급감했다'이며, 그 '원인'은 '고객 상담 및 대응 부실'일 것입니다. 그러면, 원인에 대한 '해결 방안'은 '효과적이고 효율적인 영업 활동'이라는 구조가 성립됩니다. 어떤 것이 옳고 그른 것인가 따지지 말고, 일단 머릿속으로 이러한 삼자 관계를 정리하고 이해할 필요가 있습니다. 그리고 무엇을 '문제'로 삼고, 어떤 데이터를 활용할지 결정해가는 것이 중요합니다.

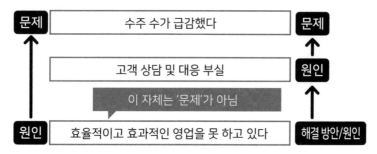

그림 2-5 (B) 목적 및 문제 정의 사례: IT 기업의 경우 ①

두 번째 정의인 '작업 효율화를 통해 구조 조정을 하고자 한다'의 경우에도 대동소이합니다. '작업 효율화'란 '구조 조정'이라는 '목적'을 위한 '해결 방안'입니다. 방안을 제시하는 것 자체가 문제라는 말이 아니라, 목적과 문제를 정의하는 시점에서 이미 결론을 내버리는 것이 위험 부담이라는 뜻입니다(**그림 2-6**).

구조 조정을 하는 수단이 비단 '작업 효율화'만 있는 것은 아닙니다. 만약 문제를 해결하기 위한 접근 방식을 취하고 있다면, '구조 조정이 예정대로 진행되지 않는다'를 '문제'로 설정하고 그 '원인'에 대해 생각해 본 다음, 그 원인 중 하나에 대한 '해결 방안'으로서 '작업 효율화'를 제시하는 것이 자연스럽고 알기 쉬운 흐름입니다.

문제	구조 조정이 예정대로 진행되지 않는다		
원인	원인 1	원인 2	원인 3
해결 방안	작업 효율화?	????	????

그림 2-6 (B) 목적 및 문제 정의 사례: IT기업의 경우 ②

그 외에도 '구조 조정'을 '목적'으로 설정하고, 효과적인 '해결 방안'을 몇 가지 제안한 다음(그중 하나가 '작업 효율화'), 그 타당성과 효과 등을 데이터로 나타내는 것도 가능합니다.

문제를 정의하는 시점에서 구체적인 '원인'을 규명하고 '방안'을 수립하는 것은 불가능하며, 이는 데이터를 활용해서 나중에 할 일입니다. 물론 가설이나 가정을 세우는 것 자체는 좋지만, 자신의 편견이 들어가게 되면 상황을 정리하기가 어렵기 때문에 가급적 피하기 바랍니다.

(C) 물류 기업 사례에 대한 토론

"유연한 근무 환경을 도입하기 위해 필요한 내용을 제안하고자 한다."

여러분은 앞의 정의를 어떻게 생각하십니까? '유연한 근무 환경을 도입하기 위해'라는 목적이 나타나 있으니 언뜻 괜찮아 보입니다.

그럼 만약 이 상태로 데이터 활용 프로세스에 들어간다면, 어떤 문제에 직면하게 될까요?

자율출근제, 유연근무제 등을 도입한 기업의 데이터, 재택이나 원격 근무를 활용 중인 IT 기업의 데이터 등을 먼저 살펴보게 되리라 생각합니다. 혹은 은퇴한 사람이나 다양한 경력을 가진 임직원으로 구성된 조직의 시스템, 도입사례 등을 보고 효과를 설명할 수도 있을 것입니다.

이제 제가 어떤 말을 할지 짐작이 될 것입니다. '유연한 근무 환경'이란 어떤 것인지 명확하지 않은 상태에서 구체적인 데이터를 활용하기란 매우 어렵습니다. '유연한 근무 환경'이란 말 속에는 시간의 유연성,

장소의 유연성, 임직원 채용의 유연성, 역할과 평가제도의 유연성 등 다양한 요소가 포함되어 있습니다. 어떻게 정의하느냐에 따라 사용할 데이터도 달라지며, 조사할 사항 또한 바뀌게 됩니다.

아마도 앞선 정의를 내린 사람은 어느 정도 구체적인 이미지를 떠올렸을 것이고 그것을 '유연한 근무 환경'으로 표현했다고 생각됩니다. 하지만 그가 이를 염두에 두지 않고 작업을 진행한다면, 그 의도를 드러내기 어렵습니다.

'구체적인 데이터를 이용해서 상대방에게 자신의 생각을 전달한다'라는 목표에서 알 수 있듯이, 말과 표현의 구체성은 매우 중요합니다.

연습 문제와 피드백 예시

그럼, 제가 데이터 분석 활용 강의에서 자주 활용하는 연습 문제를 내보도록 하겠습니다.

> 반년 전부터 시설 전체의 이용자 수가 급감하고 있습니다.
> 인터넷에서 이용을 촉진하기 위한 프로모션을 적극적으로 하고 있습니다만, 아무래도 효과가 없는 것 같습니다. 그리고 우리 지역인 북부 시설이 남부 시설보다도 상황이 좋지 않습니다.
> 이용자가 줄어들어서, 수입도 감소하고 있습니다.

일단, 앞의 내용을 잘 읽어보고 생각하길 바랍니다. 데이터를 활용해서 분석할 '문제'는 어떤 것이 있을까요?

지금까지 참가자들이 말한 주요 답변을 간추려보았습니다.

이벤트 효과에 문제가 있다.

북부 시설이 어째서 남부보다 안 좋은지 원인을 규명할 필요가 있다.

수입 감소가 문제이다.

이벤트 내용을 구체적으로 조사해서 점검할 필요가 있다.

이용자 수 감소가 문제이다.

여러분은 앞의 답변에 대해 어떻게 생각하십니까? 필자는 다음과 같이 피드백을 주고 있습니다.

이벤트 효과에 문제가 있다.

확실히 이벤트 효과에도 문제는 있어 보입니다. 그렇지만 이벤트가 효과적이지 않기 때문에 어떤 문제가 발생하고 있습니까?

그것이 해결해야 할 '문제'이며 이벤트 효과 자체가 그 '원인'이라고 볼 수 있을까요?

· · · · · ·

북부 시설이 어째서 남부보다 안 좋은지 원인을 규명할 필요가 있다.

결과적으로는 이 원인을 알아보는 작업에 착수하게 될지도 모릅니다. 하지만 만약 남북의 차이를 생겨나게 한 원인을 알았다고 했을 때, 그 결과로 무엇을 해결하고자 하는지 명확하게 말할 수 있습니까?

그 원인을 규명하는 것 자체가 '목적'이나 '문제'가 될 수는 없습니다. 그것은 중간 과정이며 방법론에 그쳤다고 볼 수 있지 않을까요?

· · · · · ·

ⓒ **수입 감소가 문제이다.**

최종적으로 해결해야 할 문제로서, 매우 좋은 관점이라고 생각합니다. 다만 단어의 정의가 충분히 구체적입니까? '수입'이란 무엇입니까?

그것은 '매출액'을 말하는 것인지, 아니면 '이익'을 말하는 것인지요? 더 자세히 말해서, '순이익'을 가리키는지, '매출 대비 수익률'을 가리키는지요? 너무 세세한 지적이라고 느낄 수도 있지만, 만약 그 문제를 데이터로 증명해 달라고 요청받으면, 어떤 데이터를 활용해야 할지 혼란스럽지 않을까요?

· · · · · ·

ⓓ **이벤트 내용을 구체적으로 조사해 점검할 필요가 있다.**

자세히 조사한다는 것은 '해결 방안'을 강구한다는 뜻입니다. 그럼 그 '해결 방안'은 어떤 '원인'을 해결하고자 하는 것일까요? 그 '원인'은 어떤 '문제'에 대한 것인지, 전체적인 구조가 정리되어 있습니까?

· · · · · ·

ⓔ **이용자 수 감소가 문제이다.**

이용자 수를 의도적으로 '문제'로 설정하는 것은 일리가 있습니다. 다만, 이 경우 그러한 의도가 있다는 것이 대전제가 됩니다. 만약 최종적으로 해결하고자 하는 것이 '이익 감소'라고 한다면, '이용자 수 감소'는 문제에 대한 '원인'이 되어 버립니다. 어느 쪽을 '문제'라고 생각하십니까?

앞의 내용을 어떻게 생각하십니까? 언뜻 단순해 보이는 내용일지 모르지만, 자세히 읽어보면 매우 심오하다는 것을 느꼈으리라 생각합니다.

'데이터를 활용했지만, 정보가 효과적으로 도출되지 않는다', '데이터 분석을 능숙하게 할 수가 없다'라는 고민도 그 원인은 분석 방법이나 통계에 있는 것이 아니라 대체로 앞선 예와 같이 불충분하고 부적절하게 문제를 정의했기 때문에 발생합니다.

한편, 이는 비단 데이터 활용이나 분석에 국한된 이야기가 아닙니다. 일반적인 문제 해결이나 논리적 사고와 같이 데이터가 사용되지 않을 때에도 본질적으로 같습니다.

문제를 설정할 때, 다음과 같은 질문을 항상 자신에게 되물었으면 합니다.

나는 문제를 명확하게 정의해 풀고 있는가?

영어로 표현하면, Are you solving the right problem? 입니다.

정의한 문제와 사용하는 데이터가 일치하지 않는다
(Are you using the right data?)

그럼, 일단 목적과 문제가 명확히 정의되었다고 가정해보겠습니다. 이제부터는 '데이터'가 나올 차례입니다. 정의한 목적과 문제를 분석하기 위해 어떤 데이터와 지표를 사용하면 좋을까요? 다음 **그림 2-7**의 C 단계를 가리킵니다.

그림 2-7 데이터 활용 프로세스 - 지표를 결정

그런데 여기서는, 정의한 목적과 문제가 사용한 지표와 논리적으로 일치하지 않는 경우가 자주 발생합니다. 그것이 바로 데이터 활용이 잘 안 되는 주요 원인 두 번째에 해당합니다.

'지표 불일치' 문제: 와키마치 고등학교의 사례

도쿠시마현 미마시에 위치한 와키마치 고등학교(우리나라의 과학고나 영재고와 같은 성격의 고교, 수퍼 사이언스 하이스쿨로 지정)에서 필자가 강의한 '데이터 활용 워크숍' 사례를 소개하겠습니다.

당시, 학생들에게 팀별로 '우리 도시의 지역 진흥과 이슈 해결'을 주제로 데이터 분석과 활용을 진행하도록 했습니다. 여러분이라면 다음과 같은 결과물에서 어떤 결론을 도출할 수 있을까요?

어디까지나 초기 단계 워크숍이었기 때문에 학생들도 아직은 문제에 대해 깊이 생각하지 못한 상황이라 개선점이 비교적 많이 도출되었습니다. 그래도 이만큼의 성과를 냈다는 것을 보면, 상당히 높은 기량을 가진 학생들이라고 할 수 있습니다.

고등학생임에도 이러한 분석에 도전해서 데이터를 활용한 결과물을 낼 기회를 가질 수 있었다는 것 자체가 값진 일입니다. 이런 훈련을 거듭한다면 졸업할 때쯤에는 데이터 문해력을 갖춘 인재가 되어 있을 것입니다.

- 순유입(유입-유출) 인구 중, 도쿠시마현에 취업한 순유입 인구는 매년 불안정하다.
- 기본적으로 전국 평균 이하이다.
- 한번 내려가면 그 수치를 회복하는 것이 매우 어려워 보인다.

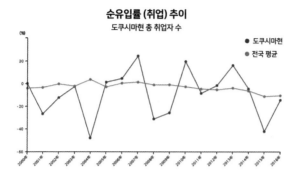

그림 2-8 결과물 A(그래프는 RESAS *에서 인용)

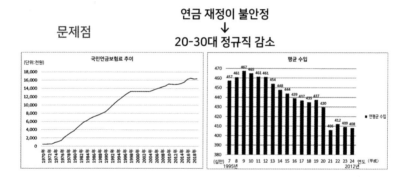

그림 2-9 결과물 B(학생의 결과물을 편집부에서 일부 가공)
(출처: 일본연금기구 '국민연금보험료 추이', 국세청 '민간급여실태통계조사결과에 대하여')

---

*   RESAS(Regional Economy and Society Analyzing System): 일본의 지역경제분석시스템으로 지자체가 통합적 시각에서 지역의 효과적인 종합전략에 대응하도록 국가가 지역경제에 관한 다양한 빅데이터를 집약해 수집·제공·시각화하는 리서스 서비스를 2015년부터 제공하고 있다.

농업 후계자 부족

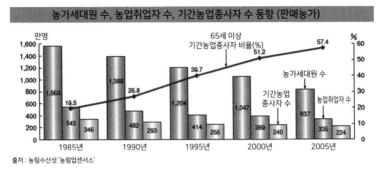

출처 : 농림수산성 '농림업센서스'

그림 2-10 결과물 C (출처: 농림수산성 '2005년도 식료/농업/농촌 백서')

자, 여러분은 앞선 결과물에 대한 메시지(결론)와 활용한 데이터가 일치하고 있는지, 아니라면 어떤 개선 사항을 찾을 수 있을까요? 그럼 몇 가지 생각해볼 만한 사항을 열거해보도록 하겠습니다.

결과물 A: 데이터 중심? 목적 중심?

결과물 A는 전부 기존 데이터와 그래프를 사용하고 있습니다(다만, 준비나 검토 시간이 충분하지 않아서일 수도 있습니다). 일단 관련 있을 만한 데이터를 수집해서 내릴 수 있는 결론(메시지)을 그래프 위에 기재한 것입니다. 여기서는 그 결론이 바로 지금까지 설명한 '목적'과 '문제'에 해당합니다. 학생들에게 '데이터 분석'이라고 하면, '어딘가에서 그래프와 표를 수집해서 그로부터 결론을 내린다'는 접근법을 취하는 경우가 많습니다. 데이터 활용을 공부한 적이 없으면 그런 발상을 떠올리기에 십상입니다. 원래는 먼저 '목적'과 '문제'를 명확히 한 후 이에 맞는 데이터를 준비해야 합니다.

'데이터 중심'이 되면 결과물 A처럼 단순히 '데이터를 통해 무엇을 말할 수 있는가'를 열거하게 될 뿐입니다. '데이터를 보고 그로부터 문제를 찾아낸다'는 접근 방식도 있지만, 무엇을 문제로 설정하고 결과적으로 어떻게 하고 싶은지 숙고하지 않은 상태에서 무작정 데이터를 만지작거리고 어쩌다 찾아낸 것을 '문제'로 정의한다면 과연 객관성과 논리성이 있을까요?

지금까지의 논점에서 나타나듯, 이것은 효과적이고 논리적인 데이터 활용이라고 볼 수 없습니다. 데이터 중심으로 분석 작업을 진행하게 되면 결과적으로 앞선 그림과 같은 결과물이 나오거나, 억지로 데이터와 결론을 연결 짓는 결과가 되기 일쑤입니다. 결과물을 본 사람도 '결국 무슨 말(결론)이 하고 싶었던 것인지 모르겠다'고 고개를 내저을 것입니다.

결과물 B: 목적과 문제, 결론이 데이터와 일치하고 있는가?

다음으로, 결론과 데이터가 일치하고 있는 것인지에 대한 관점에서, 결과물 B와 C를 구체적으로 알아보겠습니다. 먼저 결과물 B에 관해 이야기해보겠습니다.

'연금 재정이 불안정하다'를 '문제'라고 정의하고 있는데, '문제'의 '원인'으로 보이는 '20~30대 정규직 감소'에 화살표가 가 있는 것이 신경 쓰입니다. 인과 관계가 반대인 것이 아닐까요?

잠시 그 문제는 접어두고, 제시된 데이터와 지표가 정의된 '문제'와 일치하고 있는지 알아보도록 하겠습니다.

일단 '연금 재정'의 경우, 이를 직접적으로 나타내는 지표가 없습니다. 아마도 분석한 사람이 '국민연금 보험료'를 '연금 재정'으로 임의 해석한 것으로 보입니다. 또한 '평균 수입'의 추이 그래프를 통해 '연간 수입 하락 → 세수 감소 → 연금 재정 악화'라는 시나리오를 머릿속으로 상상한 것 같습니다. 전체적으로 무슨 말이 하고 싶은지 알겠지만, 안타깝게도 그 근거를 제시하는 데 실패했습니다.

개별 데이터가 정확하고 객관적이라고 하더라도, 전체 이야기의 연결부를 주관적인 상상으로 만들어버리면 데이터의 객관성과 설득력을 살리지 못하게 됩니다.

결과물 B가 주목한 점이 또 하나 있는데, 그것은 '불안정하다'입니다. 만약 '국민연금 보험료' 그래프에서 '불안정함'을 보이고자 했다면 그 결론과 그래프는 일치하지 않습니다. 왜냐하면 그래프를 보면 '상승하고' 있기 때문입니다.

'불안정함'과 '상승'은 전혀 다른 개념입니다. 따라서 분석한 사람이 주관적으로 구성한 시나리오를 상상할 수는 있지만, 데이터와 지표를 통해서 이해하기는 어렵습니다.

사소한 일로 생각할지 모르지만, 데이터를 객관적이고 구체적으로 활용하려면 반드시 확보해야 할 사항입니다.

결과물 C: 표현이 적절한가?

기존 자료를 활용하고 있기 때문에 결론인 '농업 후계자 부족'이라는 '문제'와 관련된 것이라고는 알 수 있지만, 직접적으로는 상관없는 지표도 보입니다. 잠시 눈감아주는 셈 치고, 결론과 지표의 관련성은 어떨까요?

그래프를 통해 보면, 농업 종사자의 고령화가 진행되어 매년 종사자 인구가 감소하고 있는 것을 알 수 있습니다. 만약 이 결론이 '농업 후계자의 감소'라고 할 경우, 분석한 사람과 듣는 사람의 상상이나 해석이 추가될 위험이 있긴 하지만 일리는 있어 보입니다. 하지만 여기서 분석한 사람이 내린 결론은 '감소'가 아니라 '부족'입니다. '부족'과 '감소'는 전혀 다른 개념입니다. '부족'이라고 한다면, 수요에 비해 공급이 충족되지 않은 상황으로, 증가와 감소는 상관없는 얘기입니다.

공급(이 경우 농업 종사자 수)이 만약 감소했더라도, 수요(이 경우 농업에 필요한 사람 수)가 충족되었다면 '부족'이라고 할 수 없습니다. 말하고자 하는 결론이 만약 정말로 '부족'이라면, 수요와 공급, 양쪽 데이터를 제시해서 이야기해야 합니다.

데이터 활용 초보자인 고등학생에게 너무 엄격하게 말하는 것일지도 모릅니다. 하지만 이를 극복한다면 데이터 활용을 보다 잘할 수 있게 될 것입니다.

결과물 A, B, C는 모두 다음과 같은 공통점을 갖고 있습니다.

① 기존에 있는 그래프를 전제로 결론을 내려 한다(문제 설정과 주제 파악에 익숙하지 못한 학생이 빠지기 쉬운 오류).

② 앞선 (1)의 사고 전개 과정에서 주관적인 해석이 개입한다.

이를 고등학생에게 설명하면 바로 이해하고 고개를 끄덕입니다(설령 중학생이라도 마찬가지). 요컨대, 그런 지적을 받고 배우는 것은 어릴 때 가질 수 있는 좋은 기회라고 하겠습니다. 그리고 일반적인 교육 과정에서는 그런 기회를 좀처럼 갖기 어렵습니다.

앞의 공통점과 그로 인한 문제에 대해 이해하게 되었다면, 다음번에는 적어도 '지표와 결론의 일치'에 대해 생각할 시간을 갖도록 노력할 것입니다. 처음부터 완벽하게 할 수는 없더라도, 이러한 사고 과정을 경험하는 것이 역량 강화로 이어질 것입니다.

'지표 불일치' 문제: 요코하마 국립대학의 사례

요코하마 국립대학에 필자의 수업에서도 데이터 분석 역량 강화와 육성에 집중하고 있습니다. 예를 들어, 다음과 같은 주제에 대해 90분 동안 토론을 진행했습니다.

- 캠퍼스에 있는 학생 식당 중, 제 1 식당의 질을 평가하려 한다.

목적이 위와 같을 때, 어떤 지표를 수집하는 것이 좋을까요? 지금까지 배운 순서대로 생각해보도록 하겠습니다.

단어 정의가 명확하고 구체적인가?

여기서 말하는 '질'이란 무엇일까요? 예를 들어, '맛', '가격', '입지 조건', '청결함', '다양한 메뉴' 등 여러 가지 해석이 있을 수 있습니다. 그렇다면 '질'이란 단어를 그대로 사용하면 안 되겠죠. 여러분은 어떻게 정의하겠습니까?

여기서 정답은 없습니다. 합리적인 정의를 제시해서 설득력을 얻는 것이 중요합니다.

일단 이 주제의 배경에는 '학생 식당'이라는 전제가 있습니다. 경제적으로 여유 있는 편이 아닌 일반 학생에게는 아무래도 '가격'의 우선순위가 높을 것입니다. 또, 1시간의 점심시간은 매우 귀중한 시간입니다. 그런데 수업을 받는 강의실과 식당 사이의 거리가 멀다면 두 군데를 왕복하는 것만으로 시간이 허비될 뿐만 아니라, 식당에 늦게 도착해서 긴 줄을 서게 될지도 모릅니다. 그러므로 '입지 조건' 또한 학생에게 중요한 항목입니다.

이처럼 짐작이나 추측이 아니라, 논리적인 설명을 통해 이용할 지표를 결정해야 합니다. 지표를 무조건 하나만 정해야 하는 것은 아닙니다. 필요하다면 복수의 지표를 이용해서 '질'을 나타내고, 더욱 입체적인 평가 결과를 도출할 수도 있을 것입니다.

익숙해서 무심코 사용하는 단어나 표현은 특히 주의해야 합니다. 예컨대, '생산성'이 그 전형적인 사례입니다. 생산성에 대해 그 의미를 잘 알고 있다고 생각하지만 실은 잘 모른 상태에서 사용하는 경우가 많습니다.

결론(목적과 문제)과 활용된 데이터가 일치하는가?

강의실과 학생 식당의 '거리'를 평가하려면 어떤 지표가 필요할까요? '킬로', '미터' 등과 같은 실제 측정된 지표뿐만 아니라, 도보로 몇 분 걸린다 등의 '시간' 지표도 후보가 될 수 있습니다.

다음으로 '다양한 메뉴'를 생각해보겠습니다. 이 경우 '다양함'을 구체적으로 정의할 필요가 있습니다. 단순히 가짓수로 파악한다면, 활용할 지표는 메뉴의 종류와 숫자로 나타낼 수 있지만, 계절이나 요일별로 메뉴가 바뀐다는 것이 다양함이라면, 메뉴의 변경 빈도 등을 지표로 정해도 좋을 것입니다.

어떤 지표를 사용할지 검토를 더 많이 할수록, 가장 적합하고 수집하기 쉬운 지표를 선택할 수 있게 됩니다.

필자의 수업에서는 '도출된 결과를 효과적으로 제시하려면 어떻게 해야 할까'에 대해서도 생각해보도록 하고 있습니다.

결론에 도달하는 프로세스와 프레젠테이션 할 때의 순서는 **그림 2-11**과 같이 조금 차이가 있습니다. 그런데 이를 모르고 자신이 작업한 순서 그대로 프레젠테이션에 옮기는 경우가 많습니다. 기껏 좋은 내용으로 검토까지 마쳤는데, 보여주는 순서를 잘못해서 그 가치를 스스로 떨어뜨리는 결과가 된다면 너무나 아쉽지 않을까요?

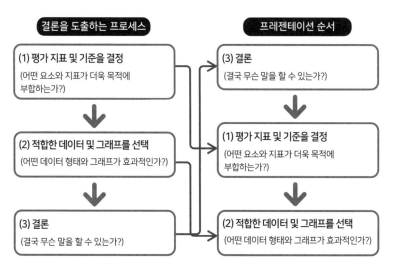

그림 2-11 결론을 도출하는 프로세스와 프레젠테이션 순서

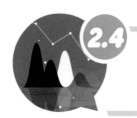

2.4 비즈니스 현장 사례 분석

지금까지 고등학생에서 대학생으로 레벨업하며 사례를 살펴보았습니다. 이제 조금 더 높은 수준에서 생각해보겠습니다.

학생들은 일반적인 주제나 결론을 다루는 경우가 많지만, 직장인과 기관, 지자체 관련 종사자들은 더욱 난이도가 높고 구체적인 주제에 직면하게 됩니다. 그럼, 제가 지금까지 관여한 사례를 중심으로 소개하도록 하겠습니다.

사외와 관계된 문제

다음 사례 1에서 5는 고객 응대 개선과 이벤트 효과 등의 회사 외부와 관련된 업무를 진행할 때 자주 발생하는 사례입니다.

▶ 사례 1

결론: 고객 불편사항에 대한 개선이 이루어지지 않고 있다

지표: 클레임 수

먼저 결론으로 나타내고자 하는 것, 즉 '문제'가 명확한지 확인해봅시다. 사례 1은 표현만 두고 보면 특별히 문제없어 보입니다.

그럼 이를 문제로 설정한 사람의 상황을 살펴보도록 하겠습니다. 과연 풀고자 하는 '문제'가 '개선되지 않은 것'일까요?

'클레임 수'를 지표로 정한 것 자체가, 개선되지 않은 '문제'의 '원인'을 '클레임 수에 의한 것'이라고 단정했을 가능성이 큽니다.

'개선되지 않는 것'이 '문제'인지, '클레임이 많은 것'이 문제인지를 본인이 먼저 명확히 하는 것이 중요합니다. '개선이 잘되지 않고 있다'라는 문제를 직접적으로 드러내는 지표는 클레임 수 대비 개선 수(비율) 등이 적절하리라 생각합니다.

그리고 그 '원인'을 따져볼 때는, 클레임 수와 고객 응대 인원, 효율 등과 관련된 지표를 살펴보면 좋을 것입니다.

▶ 사례 2

결론: 광고에 대한 반응이 적다

지표: 문의 수

지금까지 필자가 설명한 내용을 이해했다면, 이미 눈치채셨으리라 생각합니다. '광고에 대한 반응'을 좀 더 구체적으로 정의해야 합니다. 지표로 설정한 '문의 수'는 반응의 일부만을 나타낸다고 볼 수 있습니다.

다만, 문의가 많다고 반응이 좋다거나, 적으면 나쁘다거나 하는 것은 적절하지 않습니다. 예를 들어, 문의 중 대다수가 광고 내용이 불명확하기 때문에 들어왔다면 반응과는 별개의 문제이기 때문입니다.

▶ 사례 3

결론: 직원 채용이 한 인재 파견 회사에만 치우쳐 있다

지표: ???

풀어야 할 문제가 무엇인지를 어떻게 정의하면 될까요? 현재 드러난 현상은 '하나의 인재 파견 회사에만 치우쳐 있다는' 것입니다. 그런데 그 탓에 어떤 곤란한 점이 생겼으며, 풀고 싶은 '문제'는 무엇인지가 명확하지 않습니다. 따라서 어떤 지표를 사용하는 것이 좋은지 물어봐도 딱히 답을 하기가 어렵습니다. '한 회사에만 치우쳐 있는 상황'을 어떻게 데이터로 나타낼지에만 초점을 맞추고 있기 때문입니다.

먼저 '한 회사에 치우쳐 있기 때문에 어떤 문제가 생겼는지'를 명확히 하고 이를 '문제'로 정의해야 활용할 데이터를 적절히 선택할 수 있습니다. 예를 들어, '비슷한 경력을 가진 사람만 지원하고 있다'라거나 '그 회사의 경영 상황이 지원자 수의 변화에 크게 영향을 끼치고 있기 때문에 필요할 때 충분한 인력을 확보하기가 어렵다' 등을 들 수 있습니다.

▶ 사례 4

결론: 광고 매체 선정으로 고심 중이다.

지표: ???

마찬가지로 '선정으로 고심'하느라 어떤 '문제'가 발생했는지 명확히 할 필요가 있습니다. 예를 들어, '개인의 재량으로 선택하기 때문에 광

고 효과가 제각각'이라거나 '애당초 선정 기준이 없다', '광고가 목표로 설정한 타깃에 충분히 도달하지 못했다' 등, 문제를 어떻게 설정하느냐에 따라 활용할 지표는 완전히 달라집니다.

현재 발생하고 있는 현상을 구체적인 '문제'로 설정해야 다음으로 넘어가는 것이 수월해집니다.

▶ **사례 5**

결론: 고객 만족도(CS) 향상

지표: CS 설문조사 점수

이것은 기업 대다수와 행정기관, 지자체에서 다루고 있는 사례입니다. 일단 '목적'인 '고객 만족도 향상'에 대해 생각해보겠습니다.

'고객 만족도 향상' 자체가 최종 목적이 되는 경우는 거의 없습니다. '고객 만족도 향상'이라는 '수단'을 통해 '무엇을 실현하고자 하는가?', 바로 그것이 최종 목적이 됩니다. 하지만 최종 목적이 불명확한 일은 비일비재합니다.

예를 들어, B2B 기업들은 고객 만족도 조사를 정기적으로 실시하고 '고객 만족도 향상'을 연간 목표로 정하곤 합니다. 그런데 '고객 만족도가 향상되면 수주 금액이 증가하는 것인가요?'라고 물어보면, '확인된 바 없습니다'라는 답변을 받습니다. 원래대로라면, 최종 목적이 명확하고 그 '실현 수단'이 '고객 만족도 향상'이라는 인식이 필요한 것임에도 불구하고, '수단'으로서의 '고객 만족도 향상'만을 무작정 추구하는 것입니다.

물론 설문 결과 점수가 있기 때문에 이를 집계하고 전년도와 비교하는 것도 가능하지만, 결국은 그래프를 보고 올라갔는지 내려갔는지, 높아졌는지 낮아졌는지 정도만 확인하고 끝나는 경우가 많습니다. 데이터를 제대로 활용하지 못하는 전형적인 사례입니다.

그럴 것이 아니라, 고객 만족도가 높을 경우(개선한다면) 매출이나 고객 방문 등에 어떤 영향이 있을지 조사해서 고객 만족도 향상에 대한 목적을 명확히 하는 것이 '데이터 활용'의 첫 시작입니다. 그러고 나면 영향을 파악하는 데 필요한 'CS 설문조사' 항목에 어떤 것이 들어갈지 정할 수 있게 됩니다. 내용에 따라서 전년도와의 비교와 항목 간 비교, 경쟁사와의 비교 등이 필요할 수도 있습니다. 또한 경우에 따라서는 작성한 설문 항목이 부적합했다는 것을 알게 될 수도 있습니다.

사내에 존재하는 문제

다음으로 소개할 사례 6~8은 직장에서 문제가 될 수 있는 유급 휴가 소진, 시간 외 근무, 업무 인수인계 등에 해당하는 사례입니다.

▶ 사례 6

결론: 유급 휴가 일수 개선

지표: 유급 휴가 신청 상황, 시간 외 근무 현황

먼저, 목적으로 설정한 '유급 휴가 일수 개선'의 경우, 어떻게 하면 '개선'되는지 분명하지 않습니다. 예를 들어, '연간 유급 휴가 일수가 전체적으로 적기 때문에 전사적으로 휴가 일수를 평균 3일 늘리고자 한다'라거나 '부서에 따라 유급 휴가 일수에 차이가 있어, 형평을 기하기 위해 평준화하고자 한다' 등이 되겠습니다. 구체적으로 표현하지 않으면 해석이 크게 달라지고, 이에 따라 지표를 선정하는 데 영향을 미치게 됩니다.

또한 지표로 정의한 '시간 외 근무 현황'의 경우, 분석 과정(특히, 원인 분석 단계)에서 필요하게 될 수도 있으나, '유급 휴가 일수 개선'이라는 '문제'를 직접적으로 나타내는 지표로서는 부적절합니다. 왜냐하면, 이미 '유급 휴가 신청 문제를 일으킨 원인은 시간 외 근무다'라고 그 시점에서 '원인'을 단정했기 때문입니다. 그러면 '문제'와 '원인'이 동시에 제한되어 시야가 좁아지고, 데이터만으로 작업을 진행할 우려가 있습니다.

▶ 사례 7

결론: 담당자 의존 업무 증가

지표: 임직원 퇴직 및 이직 데이터

매우 어려운 주제입니다. '담당자 의존 업무'를 어떻게 정의하고 지표화하면 될까요. 담당자 의존 업무란, 특정 담당자만이 업무 내용을 이해하고 파악하고 있어서 다른 사람에게 인수인계가 쉽지 않은 업무를 말합니다. 이 경우, '담당자 의존' 상태를 직접적으로 나타내기 어렵기 때문에 다른 방식을 생각해봐야 할 것입니다.

2장 올바른 데이터로 올바른 문제를 풀고 있는가?

예를 들어, '담당자 의존 업무'라는 말을 '특정 담당자가 교체 없이 3년 이상 종사하고 있는 업무'라고 정의하게 되면, 업무별 담당자 지속 기간에 대한 데이터를 취하여 지표로 삼으면 좋을 것입니다.

물론 여기서 말한 정의는 절대적인 정답이 아니며 가장 적합한 정의라고 단언할 수 없습니다. 다른 정의를 내린다면 지표 또한 변하게 됩니다. 정의에 따라 달라지긴 합니다만, 본 사례에서 선택한 지표인 '임직원 퇴직 및 이직 데이터'는 '담당자 의존 업무' 실태를 나타내기에는 거리가 좀 있어 보입니다. '보다 문제와 관련 있는' 데이터를 고려해야 할 필요가 있으며, 동시에 '문제'에 대해 구체적으로 정의를 내려야 할 것입니다.

▶ 사례 8

결론: 시간 외 근무 시간이 적절한가?

지표: 월평균 시간 외 근무 시간

앞선 사례 6과 비슷한 경우입니다. '적절'이나 '개선' 등의 단어는 이곳저곳에서 많이 보게 됩니다. 무슨 말이 하고 싶은지 누구나 어느 정도 짐작은 가능합니다만, 지표로 구현하기에는 충분하지 않습니다. 이것은 전형적인 사례 중 하나입니다.

'시간 외 근무 시간이 적절'이라는 말은 어떤 상황을 가리키고 있는 것일까요? '시간 외 근무 시간이 0', '월간 시간 외 근무 시간 합계가 일정 시간 이내', '연간 시간 외 근무 시간이 평준화되어 있다', '부서별 시간 외 근무 시간이 평준화되어 있다', '특정 개인에게 시간 외 근무 시간

이 편중되어 있지 않다' 등, 얼마든지 해석의 여지가 많습니다.

결국 '목적'과 '문제'에 대한 정의가 충분하지 않다고 말할 수밖에 없습니다. 이를 명확히 정의하지 않은 상태에서 무작정 관련 있어 보이는 '월평균 시간 외 근무 시간' 데이터를 그래프로 나타낼 경우, 현황 파악은 가능할지 몰라도 목적을 달성하기 위해 필요한 것이 무엇인지는 전혀 알 수 없을 것입니다.

지자체 및 행정과 관계된 문제

사례 9와 10은 지자체나 행정기관에서 주로 다루는 사례입니다.

▶ 사례 9

결론: 공립 유치원 대기 아동 수를 0으로 만들고자 한다

지표: 아동 수 추이

이 사례는 지자체에서 자주 나오는 주제 중 하나입니다. '목적'은 그 내용이 명확합니다. 동시에 '현재 대기 아동 수가 0인지 아닌지'가 목적의 성패 여부를 고려하는 기준이 됩니다. 다만, 정말 이를 목표로 삼아도 될지 확인할 필요는 있습니다. 예를 들어, '대기 아동 수를 3년 이내에 올해보다 30% 줄인다'라는 목적을 설정하는 게 더 현실적일 수 있습니다.

어쨌든 '대기 아동 수를 0으로 한다'는 것이 '목적'이라면 이에 대한

상황을 파악하는 직접적인 지표가 '아동 수 추이'는 아닐 것입니다. 이 부분을 조금 더 신중히 생각한다면, '아동 수 추이'를 그래프로 만들고 '대기 아동 수' 문제를 연결 짓는 실수는 하지 않을 것입니다.

아동 수의 증감이나 많고 적음을 파악하는 것이 '대기하는 아동 수가 0이라는 목표까지 얼마나 근접했는지'를 나타내지는 않습니다. 그럼에도 '우리 지역은 아동 수가 늘어나고 있다'라는 그래프가 있다고 해서 '대기 아동 수 0 달성은 어렵다'라는 결론을 내린다면, 숫자를 효과적으로 사용한 주장이 아닐뿐더러 논리도 성립하지 않습니다.

좀 더 효과적일 수 있는 지표로, '지역 내 모든 시설 중, 대기 아동 수가 0인 시설 수 및 그 비율'이 적절한 예시가 될 수 있습니다. 그리고 직접적이지는 않지만 '시설 수 대비 아동 수'도 지표로 활용 가능합니다.

▶ 사례 10

결론: XX 시설 평균 이용 횟수를 주 2회 이상으로 만들고자 한다

지표: 사용자 만족도, 기존 대비 신규 이용자 수

이 경우도 지자체에서 자주 제기되는 문제 중 하나입니다. '목적'이 구체적인 숫자로 제시되어 있기 때문에 이해하기도 쉽습니다.

한편 지표는 어떨까요? '사용자 만족도'를 지표로 설정한 시점에 이미 '원인'과 '해결 방안'을 단정하고 있다는 뜻입니다. 즉, '사용자 만족도가 낮기 때문에(원인), 이용 빈도가 낮다'라거나 '사용자 만족도를 높이면(해결 방안), 이용 빈도가 높아질 것이다'라는 식으로, 시작 전부터 스토리를 만들고 단정한 것입니다. 이 상태로 진행한다면, 만족도 데이터

등에서 자신이 상상한 시나리오에 맞는 정보만 취사선택하여 예정된 결론을 제시하는 데 그칠 것입니다.

또한, 수집한 데이터에서 자신이 상상한 시나리오에 맞는 정보가 보이지 않을 경우, 원하는 정보가 없어서 고민에 빠질 것이 뻔합니다. 둘 다 '데이터 활용'을 제대로 못 하는 전형적인 사례입니다.

'기존 대비 신규 사용자 수'라는 지표는 문제를 세분화해서 살펴볼 수 있다는 점에서 착안은 나쁘지 않습니다. 다만, 그런 세분화나 분해를 하기 전에 '현재 상황을 어떻게 데이터로 나타낼 것인가'라는 질문에 대해 답변할 수 있는 지표를 먼저 생각해야 합니다.

예를 들어, '주 2회 이상 이용하는 시설이 몇 개 정도 있으며, 전체 중 몇 퍼센트를 차지하는가'와 같은 지표를 통해 현재 상황을 파악할 수 있습니다. 그 결과를 살펴본 뒤, 그럼 어떤 종류의 시설이 목적을 달성하는지, 어떤 사용자가 많이 이용하고 있는지 등의 관점으로 파고드는 것이 좋습니다.

일단 현재 직면한 '문제'를 어떻게 나타낼지에 대한 관점으로 지표를 고려하시기 바랍니다.

더 나은 목적·문제를 정의하기

지금까지 몇 가지 사례를 통해 목적이나 문제의 정의와 데이터 사이의 관련성을 살펴보았습니다. 일부러 부족한 부분이 있는 사례만 뽑아서 지적하고 개선 사항을 도출했습니다만, 필자의 설명이나 제안도 포함해서, 정답은 존재하지 않습니다. 어떻게 고치면 목적과 문제의 정의가 보다 개선되고 적절한 데이터 선택이 가능할지, 여러분 스스로가 구체적으로 생각해보아야 할 것입니다.

이와 같은 훈련을 반복하게 되면, 여기서 지적한 것과 같은 부분을 다음번에는 고칠 수 있으며, 서서히 역량이 향상될 것입니다. 고등학생과 대학생의 경우, 이를 미리 습득하게 되면 문제 해결과 데이터 활용 능력을 갖춘 상태에서 사회생활을 시작할 수 있습니다. 전에도 이야기했지만, 현재의 교육 과정에는 이런 프로그램이 전무한 실정이기 때문입니다.

실제로 스스로 진행할 때, 목적이나 문제로서 '내가 말하고자 하는 바는 무엇인가?'가 명확하다는 것을 전제로 다음과 같이 자문자답하길 바랍니다.

나는 올바른 데이터(지표)를 활용하고 있는가?

조금 더 구체적으로 말하면 다음과 같습니다.

예를 들어, 오늘 처음 만난 외부인이나 제3자에게 데이터를 보여주면서, '제 고민은 이것입니다', '이것이 문제입니다', '이것을 이해해주시면 좋겠습니다'라고 말할 때, 어떤 데이터를 활용하겠습니까?

이에 대해서만 생각하면 됩니다.

목적이나 배경을 공유하고 있지 않은 사람이나 한 번에 전부 복잡하게 이것저것 설명해서 이해하기 힘들어하는 사람에게 어떻게 자신의 '목적'과 '문제'를 전달할 수 있을까요? 상대방의 입장에서 생각해봐야 합니다. 분명 자신의 개선점이 보일 것입니다.

영어로 표현하자면, Are you using the right data? 입니다.

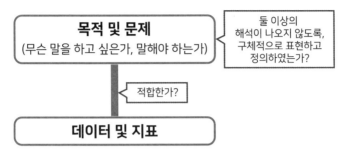

그림 2-12 목적과 문제를 명확히 정의하고 올바른 데이터(지표)를 활용하는가?

실제 유학생들을 대상으로 요코하마 국립대학에서 진행한 강의는, 칠판에 다음과 같이 써서 자가 점검을 하도록 유도했습니다.

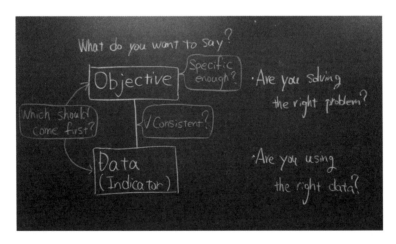

그림 2-13 자가 점검을 해보자

3

'이것이 문제다'
데이터로 말하는
방법

현상 파악 및 평가력: 문제를 표현하는 힘

결과와 평가는 다르다

목적과 문제를 정의하고 어떤 지표를 활용할 것인지 결정하면 현재 상황을 파악할 수 있습니다. 다만, '현황 파악'을 위해서는 다음 두 가지 차이를 확실히 인식할 필요가 있습니다.

(A) 성과 및 사실, 결과를 확인할 것(**그림 3-1** 중 D)

(B) 그 결과에 대해 평가를 진행할 것(**그림 3-1** 중 E)

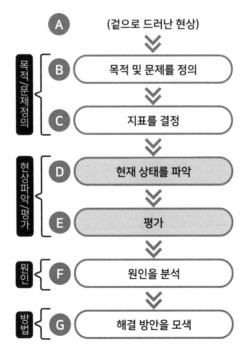

그림 3-1 데이터 활용 프로세스-현황을 파악하고 평가한다-

예를 들어, '이번 달 매출 실적은 3,000만 원이었다'라는 데이터가 있습니다. 이것은 이번 달의 실적(결과)을 나타냅니다(**그림 3-1**중 D). 그런데 이 3,000만 원이라는 실적이 좋은 것인지 나쁜 것인지에 대한 '평가'(**그림 3-1** 중 E)는 이 정보만으로는 할 수 없습니다.

가치 있는 정보란 무엇인가?

그럼 실무에서 필요하면서 가치 있는 정보는 D와 E 중 어느 쪽일까요?

3,000만 원이라는 사실을 확인하는 과정이 불필요하다고 생각하지는 않습니다. 실적을 '관리'하기 위해 필요한 정보니까요. 하지만 필자가 실무에서 '가치 있다'고 생각하는 정보는 다음 중 한 가지와 연결되어야 합니다.

- 구체적인 행동을 특정할 수 있다(누가 언제 무엇을 했는지).
- 구체적인 판단을 내릴 재료가 된다.

3,000만 원이라는 실적의 좋고 나쁨조차 판단할 수 없는 상태인데, 다음 달에 어떤 행동(조치)을 취해야 좋을지는 당연히 알 수 없습니다. 대부분 조직은 매달 매출 실적 데이터를 업데이트하고 그것을 그래프로 만들어 제안과 연결하려 합니다. 하지만 이는 '실적을 공지'하는 것뿐이며, 사람들이 원하는 '시사점'을 전하지는 못합니다.

'데이터를 다루고 있다', '통계 데이터를 살펴본다'라고 하면, 여러 지표를 통해 실적 추이나 결과를 그래프 등으로 알기 쉽게 보여주는 모습을 상상하는 사람이 많습니다. 일단 그 단계를 넘어서서, 다음 단계로 진행해야 '데이터를 활용한다'라는 사실을 실감할 수 있습니다.

이 문제는 민간 기업의 월간 매출 실적 데이터 등의 사례에만 해당하는 것이 아닙니다. 지자체의 데이터 활용도 이런 경우가 많습니다.

예를 들어, 지자체에서는 '최신 인구 통계', '예산 사용 실적', 'BMI가 XX를 넘는 사람의 비율' 등을 집계해서 '현재 상태는 이렇습니다'나 '이런 결과가 나왔습니다'로 정보를 정리하는 식이 많은데, 실제로 홍보 자료에 게재되는 데이터는 대체로 그런 종류입니다. 물론 '최신 실적을 가치 평가 없이 사실만으로 시민에게 공개한다'는 것을 목적으로 한다면 적절한 데이터 활용이라고 할 수도 있습니다.

하지만, 데이터를 보다 전략적으로 의사 결정이나 문제 해결 등에 활용한다고 할 때, 그런 식으로 하면 전혀 소용이 없습니다. 언제나 경쟁 원리에 따라 움직여야 하는 기업과 마찬가지로, 매년 인구가 감소하고 재정이 열악해지는 지자체에 필요한 것은 사실이나 결과 공개뿐만 아니라 시민이 합리적으로 납득할 수 있는 판단과 의사결정을 하기 위한 재료입니다.

그러한 관점에서 '우리 도시의 최근 인구는 35,000명입니다'라는 정보 자체로는 아무런 기여를 할 수 없는 것입니다.

평가와 우선순위의 관계

예를 들어, 평가와 판단을 하기 위해서는 다음과 같은 것이 필요할 것입니다.

- 어느 쪽이 더 효율적인가
- 어느 쪽이 더 효과적인가
- 어느 쪽이 더 중요한가
- 어느 쪽이 더 긴급한가

인재와 재원 확보가 점점 어려워지고 있기 때문에, 지자체에서도 '누구에게나 평등하게 서비스를 제공한다'는 것이 사실상 불가능하게 되었습니다. 그래서 중요해진 것은 '어느 쪽에 우선순위를 두어야 하는가'입니다. 당연히 민간 기업도 마찬가지입니다.

'우선순위'를 정하려면 선택지를 어떤 척도와 기준으로 '평가'할지가 관건입니다. 데이터를 활용하겠다고 실적치와 그래프만 보고 있으면, 납득할 만한 결론이 나올 리 없습니다.

우선순위를 정하고 중요한 문제를 해결하기 위해 '본래 필요하면서 가치 있는 정보'를 얻고자 한다면, '평가'가 필요한 것입니다.

사실 및 결과 표시 ≠ 평가

데이터를 제대로 활용해서 가치 있는 정보를 획득하려면 먼저 다음 둘을 명확히 구별해야 합니다.

사실과 결과의 데이터를 그래프나 표, 지표 등으로 표시하는 것
과

내용을 평가해서 구체적인 행동과 판단으로 연결하는 것

이 둘을 구분한 후, 후자에 필요한 평가를 준비하는 것이 바로 데이터 활용의 중요한 단계입니다.

그럼, '평가'를 하는 데 필요한 관점과 효과적인 기술을 알아보도록 하겠습니다.

3.2 비교할 때는 관점이 중요하다

'평가'를 하기 위해 필요한 것은 바로 '비교'입니다.

데이터란 숫자의 크고 작음을 나타내는 것이지 그 값에 대한 평가를 단독으로 내릴 수는 없습니다. 비교 대상이 있어야 비로소 값에 대한 평가가 가능해집니다.

당연한 소리를 한다고 여길 수도 있지만, 이를 제대로 이해하는 사람은 사실 많지 않습니다. 숫자만 보고 크고 작다는 '인상(이미지)'을 갖게 되더라도, 숫자 자체로는 평가할 수 없습니다. 반면에 사람들은 작거나 큰 값의 '인상'에 크게 흔들리는 경향이 있습니다. 하지만 어디까지나 인상은 인상일 뿐, 주관적인 세계에 불과합니다. 결론으로 둘을 연결하면 안 됩니다.

평가를 객관적으로 만드는 것은 바로 '다른 것과의 비교'입니다.

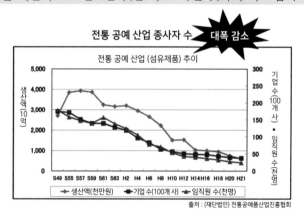

그림 3-2 결과물 D(출처: 경제산업성 제조산업국 전통공예산업실 '전통 공예 산업에 대한 현황 및 금후의 진흥 정책')

앞의 2장에서 소개한 도쿠시마현 와키마치 고등학교의 다른 사례를 추가로 들어보겠습니다. **그림 3-2**의 그래프에 대한 결론으로 '전통 공예 산업 종사자 수 대폭 감소'를 들고 있습니다.

이 결과물은 '데이터 활용 프로그램'의 워크숍 초기 단계에서 나온 것으로 준비 시간이 충분하지 못했던 탓에 기존 그래프를 활용해서 결론의 근거로 삼은 것입니다.

그럼 이 결과물에 다소 엄격하더라도 기탄없는 의견을 제시해 주시기 바랍니다. 여러분은 어떤 것을 지적하겠습니까?

일단, 결론과 상관없는 '생산액'과 '기업 수' 등의 데이터가 들어 있는데, 이는 불필요하다고 판단할 것입니다. 분명 그 말이 맞습니다. 이 결과물을 보면 누구나 '어디를 어떻게 봐야 결론이랑 연관된 데이터가 나오지?'라며 찾아보게 될 것입니다. 하지만 학생들에게는 시간 부족이라는 문제가 있었으니 너그럽게 이해해주기 바랍니다.

그 외에는 어떤 문제가 있습니까? 더 중요한 점이 있지 않을까요?

결론이 데이터와 일치하는가?

2장에서 고찰한 '결론이 데이터와 일치하는가'라는 관점에서 살펴보도록 하겠습니다. **그림 3-2** 결과물 D를 보면 '전통 공예 산업 종사자 수가 대폭 감소'라는 결론을 내고 있습니다. 단순히 '감소'가 아니라 감소의 폭이 '현저하다'라는 '평가'를 내리고 있다는 것이 주목할 부분입니다.

아마도 이 결과물을 만든 학생은 '단순한 감소가 아니라 감소의 폭이 현저하다는 평가를 그다지 고민하지 않고 작성했을 것으로 생각합니다. 워크숍 초기 단계에서 표현의 세부적인 부분까지 지적하는 것은 좀 혹독할 수도 있지만, 데이터를 활용해서 결과물을 만들 때, 자기 생각과 주관을 전하면 안 됩니다. 더욱 엄밀하고 객관적으로, 논리적인 주장을 전달해서 상대방이 이해할 수 있도록 해야 합니다. 아무리 데이터 활용에 초보자일지라도 이 점은 절대 잊지 말아야 합니다.

그럼 객관성과 논리성에 주안점을 두고 그래프에 있는 '종사자 수' 추이를 봐주시기 바랍니다. '종사자 수가 감소 중이다'라는 사실은 확인이 되지만, 그 정도가 '대폭'인지 아닌지 객관적인 평가는 불가능합니다. 그것을 파악하는 것이 얼마나 중요한지는 다들 명심해야 할 것입니다.

데이터를 수집하기 전에 해야 할 일

여기서, 그 감소 정도를 평가하기 위해 필요한 것이 바로 '비교'입니다.

당시 워크숍에서 학생들에게 여기까지 설명하고, 다음과 같이 질문을 던졌습니다.

"그럼, 어떤 것과 비교하면 결론이 더 설득력 있을까요?"

물론 정답은 없습니다. 자신이 생각한 스토리 안에서 선택하는 것입니다.

예를 들자면, 다음과 같은 답변이 있었습니다.

"같은 지역 내 다른 산업과 비교해서 '전통 공예 산업'의 감소 폭이 더 큰지 아닌지 확인하는 것이 어떨까요"

• • • • • •

"자의적으로 다른 산업을 선택할 경우 객관성이 떨어지므로, 모든 산업의 평균치라거나, 제조업 전체 등으로 범위를 좁히는 것이 비교 대상으로 더욱더 객관적이라고 생각합니다"

• • • • • •

"다른 산업과 비교할 때, 각 산업의 매출 규모 등이 매우 다르므로 종사자 순으로 비교하는 것이 아니라, 매출 대비 종사자 수 비교 등을 하면 효과적이지 않을까요"

전부 훌륭한 관점이라고 생각합니다. 여러 데이터와 그래프를 보고 내린 결과로 앞선 아이디어가 나온 것이 아니라, 데이터 수집과 분석 전에 어떤 것을 어떻게 말할지 숙고해서 나온 것이기 때문입니다.

이는 전부 목적 중심 사고로서, 데이터에 사로잡히지 않고 객관적으로 생각해낸 것입니다. 제가 생각하는 '데이터 문해력'의 본질 중 하나입니다.

사실 직장인 중에도 목적 중심의 사고를 생략(생각을 멈춤)한 채 데이터를 그대로 사용한 결과, 결론과 데이터 사이에 논리적인 괴리가 생기는 경우가 많습니다.

당연한 말이지만, 결론을 심정적으로 정해놓고 데이터로 평가하려다 보면, 그 결론과 다른 결과가 나올 경우 결론 자체를 바꿔야 할 수도 있습니다. 만일 데이터를 결론에 억지로 짜 맞추게 되면 본말전도이기 때문에 더더욱 주의가 필요합니다.

비교할 때 체크포인트

비교 대상을 어떻게 정할지, 그 숙고 여부에 따라 결론의 질이 크게 좌우됩니다. 이 경우 주요 포인트는 다음과 같습니다.

(1) 결론으로 이어지는 결과가 나올 것인가(반드시 결론으로 부합하는 결과가 나온다는 보증은 없습니다)?

(2) 비교를 통해 '차이'를 찾을 수 있는가?

Point 1 ▶ **결론으로 이어지는 결과를 얻을 수 있을까?**

(1)은 이 책에서 여러 차례 언급한 바 있습니다. '데이터가 있고 그 데이터로부터 어떤 결론을 내릴 수 있는가'가 아니라 정반대의 과정, 즉 '무슨 말을 하고 싶은지, 어떤 것을 확인하고자 하는지, 이에 따라 XX라는 데이터를 XX라는 데이터와 비교했다'라는 과정이 데이터 활용에 있어서 필수입니다.

그림 3-2 '전통 공예 산업'의 경우, 어쩌면 수집한 자료 중에 '신규 공업 제품 산업'의 종사자 수가 나와 있는 데이터가 있을지도 모릅니다. 하지만 비교를 통해서 어떤 결론을 내릴 수 있을지, 또 그 결론을 자신이 확인하고자 하는 사항과 일치하는지 검토해보고 나서 비교 작업을 해야 할 것입니다. 검토 없이 비교 작업을 해봐야 단순히 그래프 두 개를 제

시하는 데 그칠 뿐입니다.

'전통 공예 산업'과 '신규 공업 제품 산업'을 비교하여 'ㅇㅇㅇㅇㅇㅇ' 이라는 평가나 결론을 내고자 하는 명확한 목적을 가졌다면, 그 결론 은 신뢰성이 높을 수 있습니다.

그럼, 이러한 사고 과정이 잘 이루어졌는지, 이에 따른 결과물이 나 왔는지를 직접 확인할 방법을 소개하도록 하겠습니다.

그것은 바로 최종적으로 '결과'가 아니라 '결론'이 서술되어 있는지에 대한 여부입니다. 데이터 중심으로 접근하는 사람의 결과물은 대체로 '결과'로 끝납니다. 하지만 그렇지 않고 '목적 중심'으로 접근하는 사람 은 '결론'까지 말합니다.

결과	XXX와 YYY는 차이가 있습니다.
결론	XXX와 YYY의 차이가 존재한다는 것은, ZZZZZ라는 의미입니다.

'데이터를 활용한다'란,
결과 가 아니라 결론 을 도출하는 것입니다.

그림 3-3 중요한 포인트: 결과와 결론은 다르다

전통 공예 산업 사례를 보자면, 결과와 결론의 차이를 다음과 같이 설명할 수 있습니다. 그 차이를 이해하실 수 있습니까?

결과	전통 공예 산업 종사자 수와 전 제조업 평균 종사자 수의 감소 폭은 차이가 있습니다.
결론	전통 공예 산업 종사자 수는 같은 제조업 중에서도 그 감소 폭이 현저하게 크며, 심각한 상황이 지속되고 있습니다.

'결과'란 그래프를 보고 이를 단어로 바꿔 표현한 것뿐입니다. 물론 그 표현 자체가 틀린 것은 아닙니다.

한편, '결론'은 그 차이가 결국 어떤 내용인지를 설명하고 있습니다. 이를 설명하려면 전제로서 '내가 무엇을 말하고 싶은지, 어떤 것을 문제로 인식하고 있는지'가 명확해야 합니다.

필자의 대학 강의에서도 학생들의 발언이나 프레젠테이션을 보며 이 점을 중요하게 설명하고 있습니다. 그래프나 숫자를 통해 결과만을 해석하는 학생들은 대체로 데이터 중심 사고로 작업을 진행하는 경우가 많아서, 그러한 사고 패턴을 바꾸는 것부터 시작해야 하기 때문입니다.

이를 피할 수 있는 방법 중 하나는 그래프나 표를 만들 때 각각의 결과물에 대한 구체적인 결론을 먼저 문장으로 써보는 것입니다. 만약 거기서 머뭇거리게 된다면, 자신이 어떤 목적으로 작업하고 있는지 모른다는 것입니다. 학생들의 경우, 아직 정형화된 사고에는 익숙해지지 않았기 때문에 비교적 유연하며 변화에 능동적입니다.

하지만 직장인들, 특히 다년간 '데이터 중심'으로 업무를 수행한 사람은 그 패턴을 수정하려면 더 높은 허들을 뛰어넘어야 합니다. 이 점에 대해서는 6장에서 더 자세히 다루어보도록 하겠습니다.

비교를 통해 '차이'를 찾을 수 있는가?

비교했지만, 그 결과가 별 차이가 없다면 평가할 수 없습니다. 그렇다고 그것이 틀렸다거나 문제가 있다는 의미는 아닙니다. 데이터나 결과가 아니라, '차이가 있을 것이다'라는 초기 가설이 틀렸다고 생각하는 것이 타당합니다. 혹은 '차이가 없었다'라는 것을 결론으로 삼을 수도 있습니다.

어쨌든 '양쪽에 차이가 있다'라는 결과를 근거로 평가하려면 '차이를 발견한다'라는 것이 하나의 포인트가 됩니다.

예를 들어, 어떤 상품의 매출 실적을 평가하려면 자사의 타제품과 비교하거나 타사의 경쟁 제품과 비교해서 어느 쪽의 '차이'가 더 크게 나타날지 생각해야 할 것입니다. 그다음 단계가 직접적인 비교와 확인입니다.

이 과정에서도 절대적인 정답은 없으며 비교 대상을 반드시 하나로 정해야 할 필요도 없습니다. 실제로는 여러 비교 대상 후보를 정하고 각각 비교를 진행해서 결과와 결론의 일관성을 확인하고, 경우에 따라 다시 한번 비교 대상을 늘리거나 조정해서 '가설' → '검증'을 반복하는 것이 현실적입니다.

내부 비교 및 외부 비교

비교라고 했을 때 그 비교 대상은 외부에만 있는 것이 아닙니다. 자사 제품을 타사와 비교하는 것은 외부 비교입니다. 한편 자사 제품의 총 매출을 지역별 매출로 구분해서 양쪽을 비교하는 것은 내부 비교라 합니다.

목적에 따라 어느 쪽이 적절한지, 아니면 모두를 시도할 가치가 있는지 등을 상황에 따라 판단하는 것이 좋습니다.

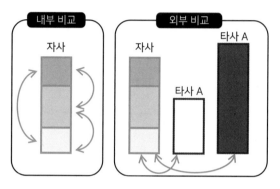

그림 3-4 목적에 따라 '내부', '외부' 비교를 구분하여 사용하도록 한다

비교의 기술

이제 평가의 기본은 '비교'라는 사실을 알았으니 바로 작업에 돌입해도 된다라는 생각은 위험합니다.

평균을 사용한 흔한 분석 패턴

예를 들어, A, B, C라는 세 상품의 매출 실적을 비교한다고 가정하겠습니다. **그림 3-5**에 있는 그래프와 같이 곧바로 평균값을 비교해보려고 하는 사람이 많을 것입니다.

그림 3-5를 보면 일단 상품 C의 평균 매출이 상대적으로 높다는 사실(비교 및 평가 결과)을 알게 됩니다. 하지만 그것은 어디까지나 이 평가의 기준이 값의 크고 작음, 특히 그중에서도 평균값으로 나타나는 지표를 전제로 했을 때의 이야기입니다.

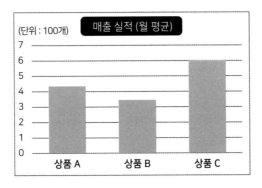

그림 3-5 세 상품의 매출 비교(평균)

그러면 여기서 한번 생각해보길 바랍니다. 평균값이라는 기준만으로 과연 매출의 좋고 나쁨을 평가해도 될까요?

이 결과를 도출한 원래 데이터가 다음의 **표3-1**입니다.

	1월	2월	3월	4월	5월	6월
상품 A	1	1.4	2.2	3.2	2.9	4.7
상품 B	3.2	2	4.3	1.8	4.4	3.3
상품 C	8.9	3.6	2.1	1.5	4	9.3

	7월	8월	9월	10월	11월	12월	평균
상품 A	5.4	5.6	6.3	6.4	6.9	6.5	4.38
상품 B	4.6	6.1	2	3.5	3.9	2.7	3.48
상품 C	6.3	5.8	9.6	7.9	2.7	10.3	6.00

표 3-1 세 상품의 월별 매출 실적(단위: 100개)

세 상품의 연간 실적을 평가하는 기준으로 월 '평균' 이외에 어떤 것을 들 수 있을까요?

'연간 총합계'가 가장 알기 쉽겠지만 값의 크기를 기준으로 한다는 점에서 본질적으로는 평균과 같으며, 결과도 다르지 않을 것입니다.

추이와 변화를 본다

그렇다면, 예를 들어 연간 추이와 변화에 주목해서 기준을 세우면 어떨까요? 추이를 보기 위해 **표3-1**의 데이터를 그래프로 만들어 시각화한 것이 **그림3-6**입니다. 이를 통해 어떤 평가를 할 수 있을까요?

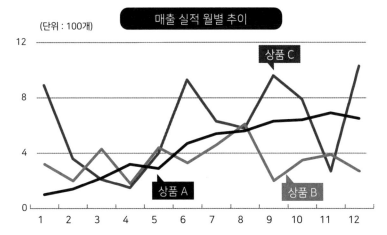

그림 3-6 세 상품의 매출 추이 비교

먼저, 상품 A는 꾸준히 매출을 늘려가고 있다는 것을 알 수 있습니다.

그리고 **그림 3-5**에서 평균값이 가장 높았던 상품 C의 경우, 가을 초입 및 성탄절, 연말연시 등에 일시적으로 큰 매출 실적을 달성한 것을 알 수 있습니다. 상품 B는 A와 C에 비하면 매출이 평탄한 편입니다.

만약 세 상품을 평가하는 목적과 관점이 '내년 이후 성장성에 대한 예상'이라고 한다면, 앞선 결과로부터 어떤 결론을 도출할 수 있을까요?

하나의 예로서, 다음과 같은 결론을 들 수 있습니다.

상품 A는 서서히 상품의 인지도와 평가가 향상되고 있으며 착실히 매출도 늘어나고 있습니다. 내년에도 이 경향이 이어질 가능성이 있으므로, 프로모션 대상 상품으로 선정해 사업 기회로 삼고자 합니다.

평균값을 활용한 '값의 크기'를 기준으로 평가했을 때는 '상품 C가 좋은 편'이라고 결론을 내렸습니다만, 이와는 다른 결론이 나왔다는 점에 주목해주시기 바랍니다.

편차를 고려한다

그럼 다음으로는 월별 매출의 변동성, 즉 편차를 기준으로 평가해 보도록 하겠습니다. **그림 3-6**의 그래프를 통해서도 시각적으로 추이 형태를 파악할 수 있지만, **그림 3-7**과 같은 도수 분포도로 시각적으로 나타내는 것이 일반적입니다. 도수 분포도에서는 가로축이 데이터값에 해당하는 범위(구간)이며, 세로축이 각 범위에 해당하는 데이터의 빈도(도수)를 나타내며, 데이터 전체의 분포와 편차를 한눈에 볼 수 있습니다.

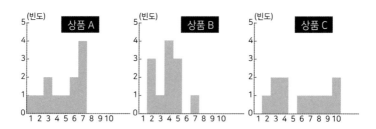

그림 3-7 도수 분포도로 시각화한 세 상품의 편차

하지만 데이터의 수가 매우 많거나 복잡한 변동을 보이는 경우에는 선형 그래프나 도수분포도나 산포도의 시각적 정보만으로는 정량적인 추이 형태를 전부 파악하기 어려울 수 있습니다. 그럴 때에는 편차를 나타내는 표준편차라는 지표를 함께 활용합니다.

표 3-1의 데이터를 이용해서 세 상품의 월별 표준편차를 계산하면 다음 **표 3-2**와 같이 됩니다.

	표준편차
상품 A	2.13
상품 B	1.27
상품 C	3.17

표 3-2 세 상품의 월별 표준편차

이 결과를 보면, 상품 C의 월별 매출의 편차 폭이 세 상품 중 가장 큰 것을 알 수 있습니다.

여기서 말하는 편차 폭이란, 전체 범위(1~12월)를 통해 봤을 때 데이터의 간격(폭)이 어떠한가를 나타냅니다(단락 뒤에 나오는 칼럼 '편차를 고려하는 것에 대해' 참고). 이에 주의하면서 상품 A의 표준편찻값을 생각해보겠습니다. **그림 3-6**의 추이 그래프를 보면 상품 A는 추이 형태가 일관된 편이라고 생각할 수도 있습니다. 하지만 편차의 관점에서 보면, 1월에는 작은 수치였으나 12월로 갈수록 커지기 때문에 편차는 크게 나타나게 됩니다. 상품 A의 표준편차가 상품 C보다 작지만, 상품 B보다 큰 이유는 바로 그것입니다. 그렇기 때문에 '편차'를 볼 때는 표준편차에만 의존하지 말고 이와 더불어 그래프 등을 통해 그 변동 양상을 함께 관찰하는 것이 좋습니다.

편차가 크다는 것은 어떤 의미인가?

이 경우에 '편차가 더 크다'라는 것은 어떤 의미를 가질까요? 이 장은 비교해서 '평가'하는 것이 목표이기 때문에 답이 나와야 합니다. 여러분은 어떻게 생각하십니까?

그런데 이 또한 정답이 없는 질문 중 하나입니다. 예를 들어, '편차가 크다는 것은 월별 매출 실적이 불안정하다는 뜻이다'라고 한다면, 가장 문제 있는 상품은 C일 것입니다. 반대로 '편차가 작으면 안정적으로 매출을 발생시키고 있다는 뜻이지만, 향후 매출을 크게 높일 가능성이 적다고 할 수 있다'라고 생각할 수도 있습니다.

그러나 평가라고 해서 반드시 '좋고 나쁨'을 가려야 하는 것은 아닙니다. 이를 굳이 가려내지 않고, 다음과 같은 결론을 내릴 수 있기 때문입니다.

내년에 판매 촉진 비용을 투입해야 할 대상은 상품 C입니다. 왜냐하면 편차가 크기 때문에, 매출이 적은 달에 비용을 투자해서 저변을 넓히면 연간 매출도 증가할 것입니다.

다시 한번 말하지만, 데이터 활용 초기 단계부터 '무슨 말을 하고 싶고, 이에 대한 지표를 어떻게 평가할지'에 대해 충분히 숙고해야 잘 정리된 결론이 나올 수 있습니다.

여기서는 '편차'를 간단히 짚어보도록 하겠습니다. 편차가 무엇인지 물어볼 경우, 매월 큰 변동이 일어나거나 그래프로 봤을 때 톱날처럼 들쑥날쑥한 움직임을 보이는 것을 상상하는 분들이 많습니다. 하지만 편차는 어떻게 변하고 있는지에 대한 것이 아니라, 개별 데이터값의 크기가 어떻게 분포되어 있는지를 의미합니다.

그림 3-8의 가로축은 데이터 개별 값을 나타냅니다. 세로축은 값의 범위에 대해 몇 개의 데이터가 있는지를 나타냅니다. **그림 3-8**을 보면 평균값 근처의 데이터 수가 가장 많으며 거기서 멀어질수록 해당 값의 범위에 대해 데이터 수가 줄어드는 특징을 알 수 있습니다 (다만 이는 어디까지나 예시이므로, 모든 데이터가 이러한 특징을 가진다고는 할 수 없습니다).

그림 3-8을 통해 봤을 때, 위 그래프가 '편차가 크다(=표준편차가 크다)', 아래 그래프가 '편차가 작다(=표준편차가 작다)'고 할 수 있습니다. 이 책에서는 표준편차에 대한 자세한 설명은 생략하고 있습니다. 다만, 표준편차의 크기는 데이터의 최솟값(색 선의 왼쪽)에서 최댓값(색 선의 오른쪽)의 차이가 아니라 데이터 대다수가 존재하는 범위의 폭을 의미한다는 점을 이해해주시기 바랍니다. 최솟값과 최댓값 같은 극단적인 값에 전체 편차는 영향받지 않으며 대다수의 데이터가 분포된 범위를 나타낸다는 장점이 있습니다.

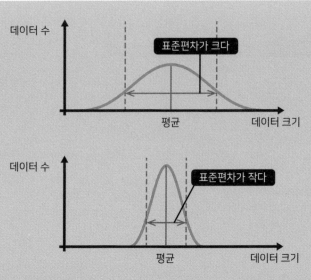

그림 3-8 표준편차의 개념

엑셀에서는 STDEV 함수를 이용해서 간단히 표준편차를 구할
수 있습니다.

한편, 서로 크기와 규모가 크게 다른 두 개의 편차를 표준편찻
값의 차이를 통해 비교할 때는 주의해야 합니다. 예를 들어, 매
출 1,000만 원 규모에서의 50만 원 편차(=표준편차 50만 원)와 매
출 100만 원 규모에서의 50만 원의 편차는 그 의미가 전혀 다릅
니다. 이처럼 전제가 되는 규모나 크기가 전혀 다른 경우 편차를
비교할 때는 표준편차를 평균으로 나누어서 기준을 비슷하게
맞추고서 비교해야 합니다.

평가 기준의 정리

여기서 '데이터의 특징을 포착하여 비교, 평가'할 때 활용하는 기준 (척도)을 정리해보도록 하겠습니다.

지면 사정상 소개하지 못했습니다만, 데이터를 '비율'로 변환해서 하나의 기준으로 삼을 수도 있습니다. 비율이 들어간 4가지 평가 기준을 소개합니다.

데이터 평가 기준	대표적인 지표
값의 크기	평균값, 합계
추이	선형 그래프, 막대 그래프, 변화율
등락 폭	표준편차, 도수 분포도
비율	분수, 퍼센트

표 3-3 데이터 평가 기준과 대표적인 지표

세 상품의 매출 실적 평가 사례에서 보듯이, 같은 데이터라도 어떤 기준으로 평가하는가에 따라서 그 결론이 달라질 수 있습니다. 여기서도 '뭐가 정답일까?'라는 발상은 버리도록 하세요. 또한, 어느 한 기준으로만 좁혀야 하는 것도 아닙니다. 복수의 기준을 사용해서 이들을 조합하고 결론을 낼 수도 있으며, 이 경우 더욱더 입체적이고 깊이 있는 결론에 도달할 가능성도 큽니다.

'이 사례에서는 어떤 평가가 중요할까? 어떤 설명이나 결론이 가능할까'라는 관점에서 생각하고, 필요한 기준을 선정해 활용해주길 바랍니다. 이 또한 데이터 활용에서 중요한 점 중 하나입니다.

비교 사례 분석

그럼 지금부터는 필자가 담당했던 사례를 통해 다음 두 가지 사항을 를 소개하겠습니다.

① 평가를 하려면 비교 대상을 어떻게 정해야 하는가?
② 어떤 평가 기준을 활용해서 비교할 것인가?

인구 문제를 다룬 경우

먼저 도쿄 지자체 공무원 대상으로 진행했던 '데이터 문해력' 향상 프로그램에서 소개한 내용 일부를 간략히 소개하겠습니다.

이 프로그램에서 필자가 맨 처음 참가자들에게 보여준 것이 **그림 3-9**입니다.

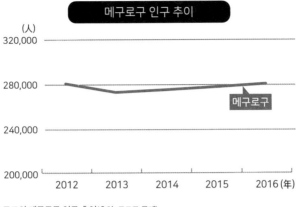

그림 3-9 도쿄의 메구로구 인구 추이(출처: 도쿄도 통계)

앞의 그래프를 보여주고 저는 참가자들에게 다음과 같이 질문했습니다.

> 전국에서 보기 드물게 메구로구의 인구는 증가 추세입니다.
> 그럼 이 결과에 대해 좋고 나쁜지 '평가'할 수 있을까요?
> 메구로구의 인구 문제는 특별히 없는 것일까요?
> 아니면 뭔가 다른 문제가 있을까요? 이를 알 수 없다면, 어떤 종류의
> 정책이 어느 정도 필요한지 검토할 수 없습니다.

그림 3-9 그래프를 보면 인구가 언제부터 얼마나 증가하고 있는지를 알 수 있습니다. 인구 증가 자체는 지자체 관점에서 좋은 것이지만, 이를 어떻게 '평가'하고, 비교 대상은 어떻게 할 것인지에 대해 참가자들에게 생각해보도록 했습니다.

구체적인 비교 사례

다음과 같은 의견이 나왔습니다.

- 지역이 가깝다면 지리적 조건과 환경에 큰 차이가 없을 것이다. 가까운 지역과 '비교'하는 것이 타당하지 않을까?

- 도쿄 23구 내와 그 이외의 지역 거주자는 인식에 큰 차이가 있다. 실제로 생활환경 등의 공통점을 생각하면, 도쿄 23구 내에서 '비교'하는 것이 타당하지 않을까?

이에 '메구로구와 인접 구의 인구 추이 비교를 통해 차이가 나타난다면 메구로구의 추이가 어떤지 상대적으로 평가 가능할 것이다'라고 생각해서 그래프로 만든 것이 **그림 3-10**입니다.

그림 3-10을 보고 어떤 결론을 내릴 수가 있을까요?

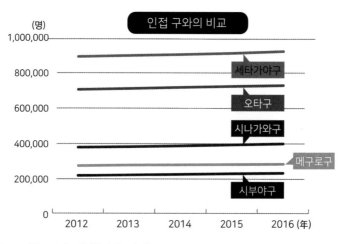

그림 3-10 메구로구 인구 추이를 인접 구와 비교(출처: 도쿄도 통계)

오타구, 시나가와구, 세타가야구, 시부야구와 메구로구를 비교했을 때, 메구로구의 인구가 아래에서 두 번째에 있는 것을 알 수 있습니다. 하지만 이 그래프만으로는 가치 있는 결론을 도출하기 어렵습니다.

참가자들로부터 나온 또 한 가지 관점, '지리적으로 가까운 것보다 인구 규모가 비슷한 지역이 생활환경도 비슷할 것이다. 인구 규모 관점에서 비슷한 조건인 지역을 선정해서 비교하는 것이 메구로구의 인구 추이 평가에 더 적절하다'를 도입한 결과가 **그림 3-11**입니다.

여기서도 비교 대상 지역 중에서 메구로구는 하위권이라는 것을 알 수 있습니다. 하지만 이것이 어떤 의미인지 여전히 알 수 없습니다.

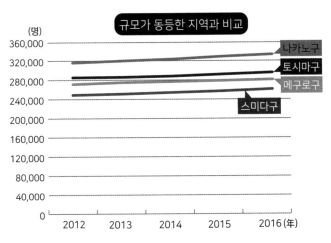

그림 3-11 메구로구의 인구 추이를 규모가 비슷한 지역과 비교

전에 설명한 내용을 잘 떠올려보길 바랍니다. 먼저 '어떤 기준으로 평가할지'를 정해야 합니다.

여기서는 2012년부터 2016년까지 4년간의 인구 증가율로 평가하고 있습니다. 종류로 보자면, 추이라고도 할 수 있고 비율이라고도 할 수 있습니다. 그럼 어떤 식으로 비교해야 그 결과가 알기 쉽게 나타날까요? **그림 3-12**와 **그림 3-13**이 예가 될 수 있습니다.

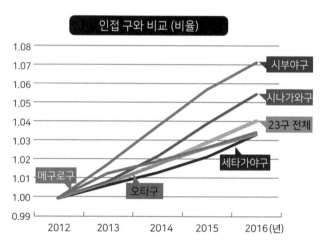

그림 3-12 메구로구 인구 추이를 인접 구와 비교(비율)(출처: 도쿄도 통계를 가공)

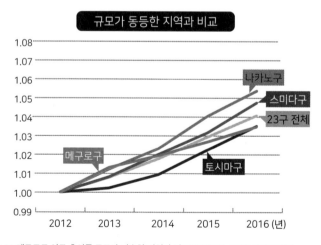

그림 3-13 메구로구 인구 추이를 규모가 비슷한 지역과 비교(비율)(출처: 도쿄도 통계를 가공)

2012년을 기점으로, 1(또는 100)이라고 하겠습니다. 그때부터의 변화를 비율로 나타냄으로써 인구 규모의 차이를 배제하고 변화율만 직접 비교할 수 있게 됩니다. **그림 3-12**와 **그림 3-13**에는 다른 지역과의 비교뿐만 아니라 표준이 되는 비교 대상이 될 수 있도록 23구 전체의 데이터도 삽입했습니다.

그림 3-10과 **그림 3-11**에서는 인구수 자체를 다루어 보았으나 그 값이 크기 때문에 비교하기 번거롭다는 문제가 있었습니다. **그림 3-12**와 **그림 3-13**과 같이 척도를 비율로 바꿀 경우, 그런 문제가 없어졌다는 점에 주목하시기 바랍니다.

또한, 여기서 알 수 있는 것은 메구로구의 인구 증가율은 상대적으로 그렇게 높지 않다는 점입니다. 다만 이를 결론으로 삼고 '문제이다', 또는 '좋지 않다'라고 평가할 수 있으려면 그 외의 배경도 포함해서 신중히 판단해야 할 것입니다. 그러나 비교 결과만 놓고 보면 상당히 간결해졌다고 할 수 있습니다.

인구 밀도를 적용한 사례

인구를 비교하고 평가하는 방법은 그 밖에도 여러 가지가 있습니다.

어떤 지역의 인구가 많고 적은지는 그 지역의 면적과도 관련되어 있습니다. 면적이 더 넓을수록 그렇지 않은 지역에 비해 주거 공간을 확보하기 쉽기 때문입니다. 따라서 지역 면적 차이라는 요인을 제거하는 방법을 생각해보도록 하겠습니다.

방법 중 하나를 예를 들면, 인구를 면적으로 나눈 인구 밀도라는 '비율' 척도를 통해 비교할 수 있습니다. 즉, 면적당 인구 밀집도를 나타내는 인구밀도로 비교하면 해당 지역이 얼마나 포화 상태에 가까운지 평가할 수 있는 것입니다.

이 '비율'과 '추이' 두 척도를 동시에 적용한 비교가 **그림 3-14**와 **그림 3-15**입니다.

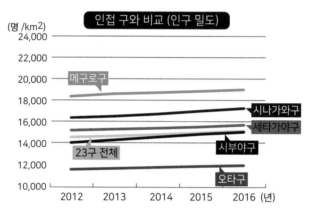

그림 3-14 메구로구 인구 밀도 추이를 인접 구와 비교(출처: 도쿄도 통계를 가공)

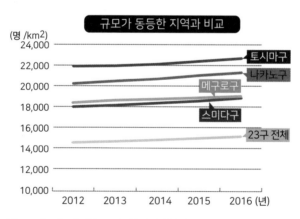

그림 3-15 메구로구 인구 밀도 추이를 규모가 비슷한 지역과 비교(출처: 도쿄도 통계를 가공)

인구만 비교했을 때와 결과가 달라진 것을 알 수 있습니다. 인구 밀도로 보면, 메구로구는 다른 지역에 비해 낮지도 않으며, 인접 구와 비교했을 때 독보적으로 1위를 차지하고 있습니다. 또한 그 기울기도 다른 구에 비해 비교적 완만한 편입니다.

따라서, 메구로구의 인구 밀도가 높고 다른 지역에 비하면 증가 추세가 상대적으로 완만하다고 추론할 수 있습니다.

내부 비교 사례

대상을 보는 관점을 다양하게 취하면 그만큼 비교 평가의 다양성도 늘어나게 됩니다. 비교 대상은 반드시 외부에만 있는 것이 아니니까요.

그럼 메구로구 내부에 시선을 집중해보도록 하겠습니다. 운 좋게도 메구로구는 구내 5개 지역에 대한 데이터도 공개 중입니다.

인구 현황과 그 추이를 나타낸 것이 **그림 3-16**입니다.

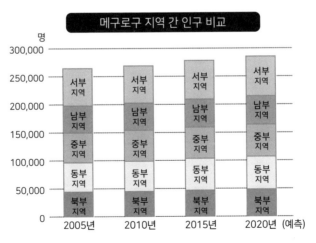

그림 3-16 메구로구 지역 간 인구 비교(출처: 메구로구 홈페이지)

5개 지역 또한 그 면적과 인구 규모가 서로 다르기 때문에, 증가율로 비교하는 게 타당할 것입니다. 2005년을 기점으로 1이라고 했을 때, **그림 3-17**과 같이 나타납니다.

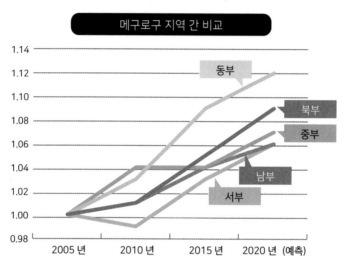

그림 3-17 메구로구 인구 추이 지역 간 비교(비율)(출처: 메구로구 홈페이지에서 가공)

그 결과, 동부가 다른 지역보다 인구 증가 정도가 큰 것을 알 수 있습니다. 제가 메구로 구민이 아니기 때문에 그 이유를 현실적으로 설명하기 어렵지만, 구청 직원은 그 결과를 듣더니 이해하는 것처럼 보였습니다. 저는 그 배경을 자세히 설명하기 위해 어떤 데이터가 필요한지에 대해 참가자들에게 질문했습니다.

인구 문제를 분리해보자: 저출산

조금씩 구체적인 것이 보이기 시작한 것 같습니다만, 여전히 '인구 문제'라는 주제는 크고 복잡한 영역이다 보니 아직은 '총론'의 영역을 벗어나지 못하고 있습니다. 여기서 문제 정의 단계로 다시 돌아가 **그림 3-18**과 같이 주제를 분리해보겠습니다.

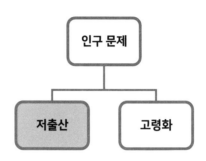

그림 3-18 인구 문제를 하위 둘로 크게 나눈 주제

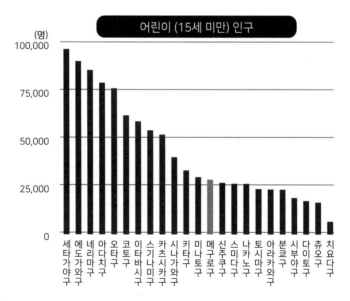

그림 3-19 어린이(15세 미만) 인구 비교(출처: 도쿄도 통계)

인구 문제 중에서 '저출산'에 대한 현황을 파악하고 비교 평가를 진행한 것이 **그림 3-19**입니다.

먼저, 단순하게 어린이 인구를 비교해보았습니다. **그림 3-19**를 보면, 메구로구는 도쿄 23구 중에서도 중간 정도에 해당하는 것을 알 수 있습니다. 여기서 끝내지 않고, 이 문제에 대해 어떤 식으로 접근하면 좋을까요? 여러분이라면 다음을 어떻게 하겠습니까?

어린이 인구수를 살펴본 것만으로 '평가'라 할 수는 없습니다. 그럼, 전체 인구 중 어린이 인구의 '비율'을 나타낸다면 그 지역의 어린이 수가 많은지 적은지 어느 정도 파악할 수 있지 않을까요? **그림 3-20**을 봐주시기 바랍니다.

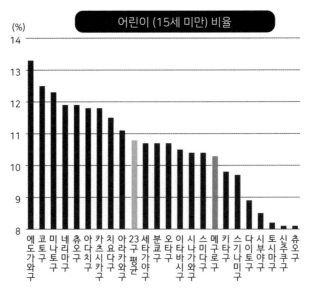

그림 3-20 어린이(15세 미만) 인구 비율 비교(출처: 도쿄도 통계를 가공)

그래프에 도쿄 23구 평균 데이터도 추가했습니다. 이에 따르면, 메구로구는 중간보다는 상당히 오른편에 위치한 것을 알 수 있습니다. 즉, 전체 인구 중 어린이의 비율은 높지 않다고 할 수 있습니다.

그럼 비율에 대해 생각해보도록 하겠습니다. 어린이 인구 비율이라고 했을 때, '전체 인구 중'에서 산출하는 것만이 방법은 아닙니다. 일상생활 속에서 어린이가 많고 적은 것을 체감하려면, 일정 공간에 어느 정도 어린이가 살고 있는지 알아보는 것이 더 적합할 것입니다.

이에 따라 면적당 어린이 인구수를 '어린이 인구 밀도'라 정의하고 이를 비교한 것이 **그림 3-21**입니다.

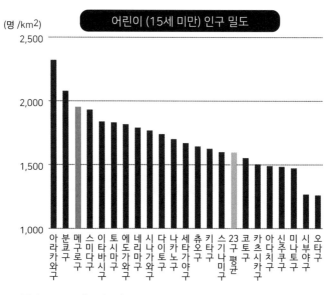

그림 3-21 어린이(15세 미만) 인구 밀도 비교(출처: 도쿄도 통계를 가공)

그림 3-20과는 정반대의 결과가 나왔습니다. 면적당 어린이 수는 메구로구가 도쿄 23구 중 3위에 있습니다.

전체 인구 밀도를 통해 비교한 결과(**그림 3-14**, **그림 3-15**)와 나란히 놓고 보면, 좁은 면적 내에 많은 인구가 밀집되어 있기 때문에 어린이 인구 밀도 또한 마찬가지의 결과가 나온 것으로 보입니다(메구로구에는 고층 아파트가 많기 때문에 어느 정도 이해가 갑니다).

한편, 그 밀집된 인구 중 어린이 인구 비율이 높은가 하면, 꼭 그런 것만은 아니라는 것을 **그림 3-20**에서 알 수 있습니다. 메구로구는 이미 구내에 많은 사람이 살고 있기 때문에 증가율은 상대적으로 높지 않습니다. 지금까지의 데이터를 통해, 어린이 이외(고령자 포함 성인)의 인구 비중이 높다는 것을 확인할 수 있습니다.

메구로구의 인구 문제에서 채택한 접근법

앞의 사례에서는 주어진 데이터만으로 뭔가 해보거나 결론이 나올 때까지 이것저것 시도해보자는 식의 발상이 아니라, 보고 싶은 것이 무엇인지, 무슨 말을 하고 싶은지, 그 목적을 처음부터 정하고 작업에 임했습니다. 그리고 이를 위해 어떤 데이터를 어떻게 살펴보면 될지, 결과를 종합적으로 판단하여 결론을 내는 접근법을 취해보았습니다.

하나하나의 내용은 매우 단순해 보이지만(예를 들어 선형 그래프를 그리는 등), 목적에 따라 데이터와 이를 보여주는 방식을 고려하고, 다른 결과와 조합하는 식의 여정을 통해 더욱더 입체적이고 깊이 있는 결론을 도출할 수 있었습니다.

고객 만족도를 다룬 경우

계속해서 다른 사례를 소개하도록 하겠습니다. 민간 기업에서 실시했던 사례입니다만, 지자체를 포함한 모든 조직에 해당할 수 있는 주제입니다. 인구 문제 사례에서는 분포 상태에 대한 기준이 나오지 않아서, 이번에는 그쪽에 초점을 둔 사례를 소개할까 합니다.

거리를 지나다 보면, 상품이나 서비스 등에 대해 고객 만족도를 조사하는 경우를 자주 볼 수 있습니다. 설문조사 혹은 만족도 조사라는 형태로 실시하고 그 결과를 데이터로 활용하는 것입니다.

자 그럼, 다음 비교 결과를 보고 A와 B라는 두 서비스에 대해 어떤 평가를 할 수 있을까요?

(A) 서비스 A: 평균 만족도 4.1점 (5점 만점 중)

(B) 서비스 B: 평균 만족도 3.5점 (5점 만점 중)

정보가 이것뿐일 때는 누구나가 '서비스 A가 더 만족도가 높으니(B보다) 더 좋은 서비스'라는 결론을 내릴 것입니다.

평균이 아니라 데이터의 분포 상태를 통해 보는 고객 만족도 사례

과연 만족도는 정말로 그 값의 크기나 평균값만으로 평가 가능한 것일까요? 만약 원래 데이터의 분포 상태를 확인했더니, **그림 3-22**와 같았다면 어떻게 생각하시겠습니까?

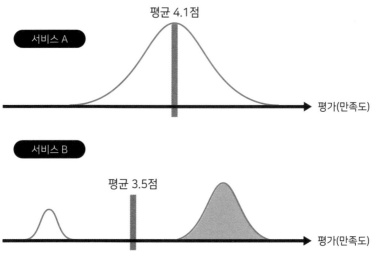

그림 3-22 만족도 조사 사례의 데이터 분포 상태

　서비스 A는 응답자들이 거의 전부 평균값에 가까운 평가를 했습니다. 한편 서비스 B를 보면, 응답자에 따라 매우 높은 평가와 그렇지 않은 평가로 나누어져 있습니다. 단, 매우 높은 평가를 하는 사람의 비율이 더 높습니다.

　만약 여러분이라면 이 결과를 통해 두 서비스의 만족도를 어떻게 평가할 것인가요? 물론 여기도 정답은 없습니다. 하지만 평균값만 보고 '서비스 A가 더 좋다'라고 생각하는 것은 섣부른 판단이라는 점에 동의하리라 생각합니다.

선입견을 버리고 서비스 만족도를 측정한다

　이 점에 대해서는 'FACTFULNESS 10가지 선입견을 버리고 데이터를 기반으로 바르게 보는 습관*이라는 베스트셀러 책에서도 '간극 본능(The Gap Instinct)'에 의한 함정을 소개하고 있습니다.

즉, 인간은 누구나 '좋다/나쁘다', '높다/낮다', '크다/작다' 등 2가지 이상으로 '편 가르기'를 하고 그 차이를 구분하려 합니다. 그리고 그 차이를 클로즈업하면 알기 쉬운 결론으로 이어지기 때문에 이 방법을 자주 사용하게 됩니다.

하지만, 이는 어디까지나 작업자나 분석자 자신이 그어놓은 선으로 그룹을 구분했기에 나온 차이이며, 그 그룹의 특징을 단적으로 나타낸 평균 등의 지표가 꼭 그룹 전체를 대표한다고는 볼 수 없습니다. 그 지표에서 나타나지 않은 다른 부분들 또한 무시할 수 없는 것입니다.

이러한 사례를 통해 한번 생각해보겠습니다. 먼저, 그룹 A와 B로 구분하는 것 자체가 분석자가 임의로 선을 그었다고 볼 수 있습니다. '두 그룹 간 평균에 차이가 있다'라는 말은 알기 쉽지만, 그 평균값 사이에 존재하는 부분은 무시해도 되는 것일까요?

예를 들어, 두 그룹 간 겹쳐 있는 부분에 대해서 '평균에 차이가 있다'라는 내용으로 설명할 수 있을까요?

---

* 국내에서는 한스 로슬링, 『팩트풀니스』 우리가 세상을 오해하는 10가지 이유와 세상이 생각보다 괜찮은 이유(김영사, 이창신 옮김)로 2019년 3월에 출간되었다.

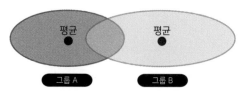

그림 3-23 평균값에만 주목하는 것은 재고의 여지가 있다

곧바로 평균과 합계 등의 크기 값에 시선이 가는 사람이 많지만, 중요한 것은 이러한 배경을 이해한 다음, 자신의 목적과 문제를 다루려면 어떤 식으로 데이터를 활용하는 것이 적절한가 판단해야 합니다.

예를 들어, 높은 평가를 준 사람 중 3분의 1이 4.5점 이상의 점수를 매겼다면, '만족도가 높다'는 평가를 내릴 수 있을 것입니다. 즉, **그림 3-24**와 같은 분포 상태를 보인다면, '만족도가 높다'라는 조건을 충족했다고 볼 수 있습니다.

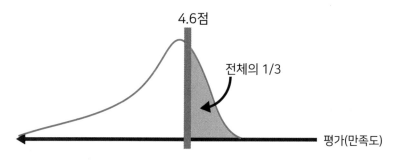

그림 3-24 만족도가 높다고 평가 가능한 경우

이와 같은 관점에서 다른 서비스와 비교하고자 한다면, 높은 평가를 준 사람 중 상위 3분의 1에 대한 최저 점수 (**그림 3-24**의 경우라면 4.6점)의 크기 차이를 비교하는 것도 일리가 있습니다. 평균값의 크기가 아

닌 다른 시점을 취하면 아마도 다른 비교 결과를 얻을 수 있을 것입니다.

서비스 만족도의 측정 방법

서비스 만족도를 측정할 경우, 응답자 전원에 대해 평균을 내는 식이 아니라 목적에 초점을 맞춘 값을 파악하는 것이 더 적절합니다. 그 예로 앞의 편차를 살펴보는 것도 이러한 사례에 해당합니다.

가장 큰 이유는, 만족도나 이해도 등의 값(데이터)은 애초부터 그 사람의 주관이나 기대에 기반하여 나온 상대적인 값에 불과하기 때문입니다. 어떤 사람에게는 완벽한 서비스라 할지라도, 다른 기대치가 있는 다른 사람에게서는 낮은 평가가 나올 수도 있습니다. 하지만 그것은 그 서비스 내용 자체가 나쁘다는 결론으로 직결되는 것이 아닙니다. 사용자 간의 전제가 다르다는 것을 무시하고, 단순 계산으로 나온 값에 어떤 의미가 있을까요?

이처럼 평가를 하는 방식에도 여러 가지 선택지가 있습니다. 이들 모두 목적에 따라 선택해야 한다는 것이 대전제가 됩니다.

노동 시간, 시간 외 근무 시간을 다룬 경우

다음 사례를 살펴보도록 하겠습니다.

업무 생산성과 효율, 노동 시간 개선 등을 목적으로 시간 외 근무와 총 근무 시간 데이터를 활용하는 사례가 많이 있습니다. 이때, 부서별,

부분별 노동 시간, 시간 외 근무 시간 데이터를 비교하는 경우가 많습니다. 관련 데이터를 **표3-4**로 나타내보았습니다.

A부	B부	C부	D부	E부	F부	G부	H부	...
40.0	42.5	40.5	56.2	40.8	33.8	39.7	37.4	...

표 3-4 부서별 평균 시간 외 근무 시간 평균(월 평균)

시간 외 근무 시간 평균으로 볼 때

시간 외 근무 데이터는 모든 조직에서 쉽게 수집할 수 있기 때문에, 그 평균 시간을 집계한 다음, A 부서가 다른 부서보다 시간 외 근무가 많거나 적다 등의 평가를 하기 쉽습니다. 물론 그것 또한 사실의 일면을 하나의 기준으로 판단하고 있는 것이긴 하지만, 여러분이라면 더 나아가 어떤 관점이 필요하다고 생각하십니까?

맨 처음 생각해야 할 점은 '무엇을 문제라고 생각할 것인가, 어떻게 평가하는 것이 이 문제에 있어서 중요할까'라는 것입니다. 그것은 데이터가 무조건 제시해주는 것이 아닙니다.

'시간 외 근무를 줄이고 싶다'라는 목적이 있다면, 어떤 식으로 '시간 외 근무 현황을 파악해서 평가'해야 할까요?

아무 생각 없이 무작정 부서별 시간 외 근무 시간 평균을 계산해 봤자, 알 수 있는 것은 그 부서 '전체'에 대한 평균값에 불과합니다. 그러면 평균값을 낮추는 것이 진정한 목표일까요?

만약 그렇다면, 장시간 노동으로 피해를 입는 사람들은 방치하고 다른 사람들을 매일 정시에 퇴근시키는 식으로 부서 전체의 시간 외 근무 시간 평균을 낮추는 극단적인 방법도 가능합니다. 하지만 정말로 그렇게 하는 것이 적절한 방식일까요?

평균을 구하고 그 값을 비교하는 시점에서 이미 '극단적인 상황에 부닥친 개개인에 대해 조처를 하기보다 부서 전체 평균을 낮춘다'는 전제가 성립한 것입니다. 실제로도 그 전제조차 의식하지 못한 채, 수집한 데이터에서 평균을 구하고 막대 그래프로 크기만 비교하는 사례가 압도적으로 많습니다.

목적에 이르는 적절한 접근법

목적을 더욱 구체화한다면, 다음과 같이 여러 가지 아이디어를 도출할 수 있습니다.

① 같은 부서에서 시간 외 근무 시간의 직원별 분포 상태를 평준화하고자 한다 (결과적으로 불공평하다는 불만이나 일부 직원에 대한 과다 부하 등을 줄이고 싶다).

② 부서 간 시간 외 근무 격차를 평준화하고자 한다(결과적으로 부서 간 인원 배치를 적정 수준으로 조절하고 싶다).

③ 부서 내에 일정 시간 이상 근무하는 직원이 없도록 하고 싶다(예를 들어 월 50시간 이상 근무자를 0명으로 한다 등).

어떤 목적으로 시간 외 근무 문제를 다룰지, 그 정의에 따라, 현황을 파악하거나 평가하는 방식이 달라집니다. 결과적으로, 데이터에 어떤 평가 기준을 적용하는 것이 효과적일지도 결정됩니다.

예를 들어, 앞선 ①을 목적(문제)으로 정의할 경우, 부서별 평균 시간 외 근무에 대해 파악하는 것은 의미가 없게 됩니다. 그 대신, 부서 내 개인들의 '편차'를 나타내는 기준이 필요합니다.

그림 3-25를 보면, 최소 시간과 최대 시간을 연결하는 세로 선과 평균 값을 나타내는 ●가 부서별로 표시되어 있습니다.

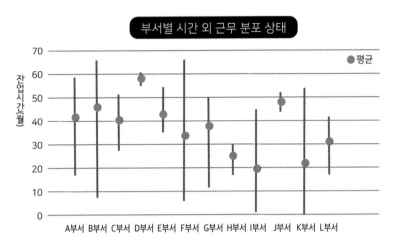

그림 3-25 부서별 개인의 시간 외 근무 시간 분포 상태

단순히 부서에서 개인들의 시간 외 근무 시간의 차이가 큰 것이 문제라면, 각 부서별로 나타낸 막대가 가장 긴 곳(부서)을 그 원인으로 지목할 수 있을 것입니다. 또한 ③을 목적으로 고려한다면, 50시간 이상 시간 외 근무를 하고 있는 사람이 있는 부서를 가려내면 됩니다.

다만, 앞의 그래프에서는 부서에서 시간 외 근무 시간 대상 인원이 몇 명인지까지는 알 수가 없습니다(예: A 부서에서 40시간 시간 외 근무를 한 인원수). 그렇기 때문에 '부서 내 50% 이상의 인원이 XX시간 이상 시간 외 근무를 하고 있다'라는 것을 문제로 삼고자 한다면, 또 다른 관점을 취해야 할 것입니다. 도수분포표가 하나의 예가 될 수 있습니다.

공영 시설 이용 현황을 다룬 경우

데이터의 특징을 포착하는 4가지 평가 기준, 즉 '값의 크기', '추이', '편차', '비율'에 대해 **표 3-3**에서 정리한 바 있습니다. 하지만 이를 반드시 하나만 활용해야 하는 것은 아닙니다. 잘 조합해서 사용한다면 한 번에 다면적으로 정보를 파악하고 비교하는 것 또한 가능합니다. 다음 사례를 보겠습니다.

예를 들어, 공영 시설의 운영 관리를 담당하는 공무원이 기존의 30개 시설의 2년에 걸친 이용자 수 실적 데이터를 이용해서 내년도 예산 분배와 대상 시설을 검토한다고 하겠습니다.

바로 입수 가능한 데이터로 **표 3-5**를 만들었습니다. 여러분은 각 시설을 어떻게 비교, 평가하고 그 결과를 내년도 운영 계획에 반영하겠습니까?

	작년실적	올해실적			작년실적	올해실적
시설 1	120	264	시설 16	203	151
시설 2	67	53	시설 17	176	168
시설 3	54	122	시설 18	117	77
시설 4	47	99	시설 19	87	68
시설 5	74	78	시설 20	152	199
시설 6	99	37	시설 21	127	68
시설 7	31	77	시설 22	141	146
시설 8	159	142	시설 23	95	227
시설 9	67	43	시설 24	74	30
시설 10	148	160	시설 25	78	70
시설 11	216	135	시설 26	228	141
시설 12	120	174	시설 27	73	118
시설 13	155	175	시설 28	66	48
시설 14	47	95	시설 29	68	106
시설 15	121	188	시설 30	119	128

표 3-5 기존 30개 시설의 이용자 수(월 평균)

산포도를 통해 살펴본다

주로 많이 사용하는 방법은 2년간 이용 실적의 평균을 계산하고 그 크기를 비교해서 '자주 이용한다', '그렇지 않다' 등으로 평가하는 것입니다.

하지만 그것만으로는 이용 실적에 대해서만 알 수 있을 뿐, 앞으로의 상황을 예측하는 것은 어렵습니다. 이때 활용할 수 있는 것이 산포도입니다. 그래프 세로축에 2년간의 이용 실적 평균을 통해 '많은 사람이 이용했는지 아닌지'를 표현하고, 가로축에 2년간 시설 이용자 수 추이를 증감 비율로 나타내어 '그 시설의 인기가 높아졌는지 떨어졌는지'를 표현했습니다.

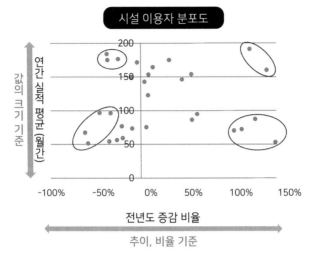

시설 이용자 분포도

연간 실적 평균 (월간)

값의 크기 기준

전년도 증감 비율

추이, 비율 기준

그림 3-26 시설 이용자 산포도

전체적으로 보면 의미를 파악하기 어려우므로, 각 모서리, 즉 가로축 세로축에서 극단적인 값을 나타낸 그룹을 묶어보았습니다. 30개 시설 전부 예산을 투입하는 것은 현실적으로 무리가 있으므로, 우선순위를 명확하게 한 다음 대상 시설을 좁혀나가는 것이 좋습니다.

결론에 이르기까지 여러 분석 과정을 거쳤지만, 그중 몇 가지 예를 들자면 다음과 같습니다.

- 그래프 왼쪽 위 그룹

이용자 수는 많지만, 최근 2년간 큰 폭으로 이용자가 감소하고 있음. 시설 노후화 등의 감소 원인을 찾고 가동률 유지를 위한 개선 활동을 강구할 필요가 있음.

- 그래프 왼쪽 아래 그룹

이용자 수도 적고 감소 폭도 큰 편임. 예산 삭감으로 시설의 폐쇄를 검토 중이라면 이 그룹이 대상이 될 것.

- 그래프 오른쪽 위 그룹

이용자 수도 많고 현저하게 증가하고 있음. 인기 시설이라고 해도 손색없음. 앞으로도 이용자가 증가할 것으로 예상되기 때문에, 안정적인 수용 인원 확보를 위해 증설이나 입장 제한 등의 대응 방안을 모색할 필요가 있음.

- 그래프 오른쪽 아래 그룹

이용자 수는 많지 않으나 큰 폭으로 증가하고 있음. 한동안은 추이를 관망해도 좋지만, 증가 원인에 대한 정보를 수집하고 다른 시설의 활성화 방안을 수립하는 데 활용하는 것을 추천함.

비교 총정리

앞선 사례들을 통해 다음과 같은 요점을 설명했습니다.

- 비교를 하는 목적(관점): 비교를 통해 평가한다.
- 비교의 기술: 목적에 따라 '값의 크기', '추이', '편차', '비율' 등 4가지 평가 기준을 이용해 데이터의 특징을 포착한다.

어려운 분석이나 통계까지는 필요하지 않습니다. 그보다, 자신의 목적에 대해 생각해보고 이에 따라 가설을 세우는 것이 훨씬 중요하다는 것을 아셨을 겁니다.

필자가 진행하는 워크숍에서도 '목적과 문제를 설정한다', '비교 대상과 비교 방법을 고안한다'에 가장 많은 시간을 할애하고 있습니다. 처음부터 완벽을 기하려고 하면 잘되지 않는 법입니다. 독자분이 개인이든 조직에 속하든, 다른 사람들에게 설명하고 피드백을 받으면서 좋고 나쁜 점을 배우고 취사선택하는 과정에서 데이터 문해력이 조금씩 향상되는 것입니다.

지금까지 다룬 내용은 필자가 실제 강의에서 설명하는 것들로, 많은 분이 충분히 이해할 수 있으며 장벽이 높지 않은 편입니다.

하지만 '그럼 이 내용을 자신의 과제에 적용해서 한번 해볼까' 하고 시도하면 갑자기 허들을 넘듯이 어렵다고 느끼는 분들이 많습니다. '이해하는 것'과 '직접 하는 것'의 차이를 느끼는 것입니다.

만일 여러분이 직접 지금까지 배운 내용을 실행에 옮기려고 할 때 어렵다 느껴지고 막혔다면, 다음과 같이 '단순하게' 생각해보는 것이 어떨까요? 제가 항상 강의할 때 전하는 말입니다.

"당신이 현재 직면하고 있는 문제나 그 배경에 대해 전혀 모르는 제3자가 바로 앞에 있다고 상상하세요. 그 사람에게 당신이 다루는 문제를 데이터로 설명하려면 무슨 데이터를 어떻게 보여주면 좋을까요?"

상대방이 그 데이터를 보고 나서, "그렇군요! 확실히 문제가 있네요!"라고 말한다면 성공한 것입니다.

해야 할 일은 단순합니다. 모든 것은 현재 상황과 문제를 객관적으로 보여주고 이해시키는 것부터 시작합니다. 이처럼 단순하게 생각하고 나름의 답을 구해보세요.

4

결과가 나왔다고
끝난 것은 아니다

원인 파악력: 행동으로 이어지는 힘

최종 목표는 '행동과 판단'

데이터에서 현재 상황을 파악하고 비교와 평가를 수행하면서, 다양한 측면에서 많은 정보를 추출하고 제시할 수 있다는 것을 깨달았을 것입니다.

하지만 아직 큰 문제가 남아있습니다. 예를 들어 '빅데이터'를 활용한 '데이터 사이언스'를 통해, '이 젤라토는 기온 18.7도 이상, 습도 43.92% 이상일 때 잘 팔린다'라는 가설이 높은 정확도를 나타냈다고 하겠습니다. 과연 이 정보가 여러분에게 어떤 측면에서 실질적 가치를 전달하고 있을까요? 그 밖에도 가까운 사례 중에, '매출은 3,500만 원입니다', '우리 도시의 인구는 X시보다 2배 빠른 감소 추세를 보이며, 큰 문제가 되고 있습니다' 등의 내용은 각각 '성과 표시'와 '비교 결과'에 해당합니다. 하지만 이를 알았다고 해서 뭔가 행동을 취할 수 있을까요?

부서나 조직 내에서 정보를 공유하거나, 임원에게 현황 보고를 위한 프레젠테이션을 할 수도 있을 것입니다.

하지만 그러한 정보 공유나 프레젠테이션을 한 결과, 무엇을 달성할 수 있을까요?

'데이터 정리'로 끝내고 있지 않나요?

조직에서 데이터를 잘 활용하고 있다는 것은, 그 정보를 통해 문제 해결 방안을 수립하거나 구체적인 행동 계획을 세우거나 관계자들이 납득할 만한 합의 또는 판단을 내릴 수 있다는 이야기입니다. 즉, 결론으로 유도하지 못하는 정보는 가치가 별로 없으며, 목적에 이르지 못한 어중간한 상태입니다.

그림 4-1 데이터를 통한 현황 파악과 평가가 최종 목표는 아니다

그런데 실제로 이 상태를 끝으로 데이터를 활용했다고 말하는 경우가 압도적으로 많습니다.

여러분의 주위에 있는 데이터 활용 사례와 그 결과물을 살펴보시기 바랍니다. 과연 그 정보에 '직접적(=기타 정보나 필요 이상의 추측 및 해석을 요구하지 않는)'이고 구체적인 행동을 일으키거나 판단을 내릴 만한 요소가 있나요?

예를 들어 데이터에서 다음과 같은 사실을 확인했다고 하겠습니다.

Ⓐ A 상품의 매출은 B 상품보다 적다.

Ⓑ 우리 도시의 인구는 5년간 10% 감소했다.

Ⓒ 올해 8월은 전년 동기 대비 광고 선전비를 5% 절감했다.

Ⓓ 이번 이벤트의 방문객은 이전 대비 10% 증가했다.

그럼, 앞의 정보를 기초로 다음 질문에 답할 수 있을지 생각해보시기 바랍니다.

Ⓐ A 상품이 B 상품보다 매출이 적은 이유는 무엇인가? A 상품을 B 상품만큼 팔리게 하려면 어떻게 해야 하는가?

Ⓑ 우리 도시의 인구가 감소한 이유는 무엇인가? 이 흐름을 완화하기 위한 가장 좋은 방법은 무엇인가?

Ⓒ 5% 절감이 가능했던 가장 큰 요인은 무엇인가? 내년에 이를 어떻게 활용할 수 있을까?

Ⓓ 이번 이벤트의 방문객이 10% 증가한 이유는 무엇인가? 다음 이벤트를 기획할 때 어떤 부분에 더 신경을 써야 할 것인가?

만약 이러한 질문에 답변할 수 없고, 단순히 현황 파악에 그치고 있다면, 그것은 데이터 분석이 아니라 '데이터 정리'라고 볼 수밖에 없습니다. 제가 강연할 때 이런 이야기를 하면, '그거 제 얘기예요…'라면서 쓴웃음 짓는 분들이 많습니다.

해결 방안은 원인에 실행되어야 한다는 것을 알고 있나요?

다음으로 필요한 것이 '왜 그 결과에 이르렀는지'와 '왜 그 문제가 일어나고 있는지'를 파악하는 단계로, 달리 말하면 결과에 대한 원인 파악입니다.

그림 4-2에서 나타낸 것처럼, 최종적으로 취할 행동, 즉 해결 방안은

문제가 아니라 그 문제를 일으키는 원인에 취해야 합니다. 그렇지만 원인 분석을 건너뛴 채 직감이나 즉흥적으로 해결 방안을 수립하는 경우가 많습니다. 이 문제에 대해서는 5장, '방법맨 문제'에서 더 자세하게 다루어 볼 예정입니다.

그럼, '최근 매출이 떨어졌다'는 '문제'가 있다고 가정해보겠습니다.

- 매달 이벤트를 하자!
- 상품 포장 디자인을 개편하자.
- 온라인에 더 자주 정보를 게시하자.

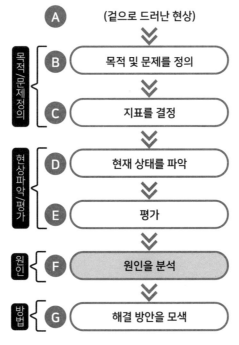

그림 4-2 데이터 활용 프로세스 - 원인을 분석한다

이 중 어떤 것은 효과가 있을 수도 있습니다. 하지만 그것은 점괘처럼 맞을 수도 있고 아닐 수도 있는 것으로, '짐작으로 때려 맞히는 전략'에 불과합니다. 이런 방법을 데이터에 기초했다고 할 수는 없습니다.

원래는 매출이 떨어진 원인을 분석하고 나서, 이를 해결하기 위한 방안과 행동을 제안해야 합니다.

예를 들어, 최근 매출이 떨어진 '문제'의 주요 원인으로 타사의 유사품이 더 싼 가격으로 판매되고 있기 때문이라고 분석되었다면, 앞에 제시한 3가지 방법은 전부 헛수고로 그칠 것입니다. 이 경우에는 매출이 떨어진 원인인 타사의 저가 유사 제품에 대한 해결 방안을 강구해야 합니다(그림 4-3).

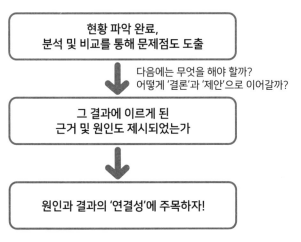

그림 4-3 데이터를 통한 원인 분석에서 중요한 것은 원인과 결과의 '연결성'

'매출이 떨어졌다'라는 문제에 대해 적절한 조취를 취하고 그 실용성과 성공률을 높이기 위해서는 이 문제를 일으키는 원인을 반드시 파악해야 합니다. 이것이 핵심입니다.

민간 기업뿐만 아니라, 지자체 문제도 마찬가지로 접근할 수 있습니다. '인구 감소 문제'와 '전입/전출 문제' 등을 다룰 때도, 무엇이 원인인지 깊게 따져보는 것이 아니라 '아무것도 안 하는 것보다는 낫다'라는 식으로 아이디어를 제안하는 경우가 많습니다.

한정된 자원과 시간 속에서 '아무것도 안 하는 것보다 낫다'는 수준으로 대책을 세운다면, 사실 안 하는 것이 더 낫습니다. 효과적일 것이라 예상되는 방법을 객관적으로 검토해보고, 이에 집중해서 비용 대비 효과를 극대화하는 것이 가장 중요합니다.

여기서 필자는 문제나 결과에 대한 '원인'이라고 표현하고 있지만, 만약 이를 자신이 하고 싶은 말, 즉 '목적(결론)'에 대해 말한다면 원인은 그 '근거'라고도 할 수 있습니다(**그림 4-4**). 결론만 말하는 것도, 문제나 결과만 제시하는 것도 충분하지 않습니다.

앞으로 이 책에서는 모든 경우를 고려해서 전부 '원인'이라고 표현하도록 하겠습니다.

그림 4-4 목적과 근거, 문제/결과와 원인의 관계

4.2 데이터에서 원인을 찾는 사고방식과 방법

자 그럼, 어떤 문제에 대한 원인을 데이터로 어떻게 분석할 수 있을까요?

원인과 그 결과 사이에는 반드시 연관 관계가 있습니다. 그 관련성을 데이터로 확인할 수 있다면, 데이터에서 원인을 분석했다 할 수 있습니다. 먼저 어떤 원인이 있는지 몇 가지 후보를 들어보겠습니다.

원인 후보를 이끌어 내는 방법과 지표를 특정하는 방식

순서는 **그림 4-5**와 같습니다. 이 순서에 따라 사례를 들어 구체적으로 설명하도록 하겠습니다.

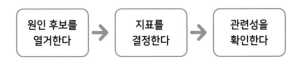

그림 4-5 원인을 데이터로 분석하기 위한 순서

사례 1: 매출 문제

먼저 '어떤 상품의 매출이 감소했다'라는 문제에 대해, 그 원인이 될 수 있는 후보들을 검토해보도록 하겠습니다.

예를 들면 다음과 같은 관련성을 추측할 수 있습니다.

| **문제** | 어떤 상품의 매출이 감소했다. |
| **원인(후보)** | 경쟁사가 가격 인하 전략을 시작했기 때문이다. |

대체로 '원인이 하나'인 경우는 매우 드물며, 일반적으로는 2개 이상의 원인을 고려해야 합니다. 하지만 여기서는 설명을 단순화하기 위해 1개만 가정하도록 하겠습니다.

말은 쉽고 행동은 어렵다고 하지만, 자신이 잘 알고 있는 분야(담당 업무와 같은)에 대해서 원인을 2개 이상 추측하는 것은 쉽습니다. 다만, 생각난 것을 뭐든지 열거한다고 해서 무조건 좋은 것은 아닙니다. 원인을 추측하는 방식이나 주의점에 대해서는 7장에서 소개할 예정이니 함께 참고하시기 바랍니다.

지금 단계는 객관적인 데이터를 통해 확인하기 전이기 때문에 '이게 정말일까?'나 '당연히 이거지'라고 주관적으로 원인 후보를 판단하지 않도록 합니다. 이 단계에서 많은 사람들은 자신의 생각이 맞는지 틀리는지 진지하게 고민하게 됩니다. 아이디어의 정확도를 가리는 경쟁이 아니기 때문에, 보다 유연하고 가볍게, 넓은 시야를 가지고 생각해보세요.

다음으로, 그 원인이 어떤 내용인지 나타낼 수 있는 데이터와 지표에 대해 생각해봐야 합니다. 매출 감소 사례라면, 다음과 같은 것이 어떨까요?

원인(후보)	경쟁사가 가격 인하 전략을 시작했기 때문이다.
지표 데이터	경쟁사의 가격 인하율 변화(지난 3개월 동안)

지표 데이터를 '경쟁사의 가격 인하 데이터'로 잡지 않는 것이 중요합니다. 왜냐하면 그렇게 설정할 경우 어떤 데이터를 수집해야 할지 알 수 없기 때문입니다. 예를 들어 어떤 시점에서의 '가격 인하 후 값'을 데이터로 제시한다 해도 그것이 매출 감소라는 현상과 관련 있는지 입증하기는 애매합니다.

가격 인하라는 '움직임'과 매출의 감소라는 '움직임' 사이의 관련성을 파악하려면 이들 현상이 발생한 시간대 전후의 움직임과 변화를 알아야만 합니다. 그리고 그 움직임과 변화를 나타내는 지표로 가격 인하 후의 가격을 할지, 아니면 앞의 사례에서 보듯이 '변화율'로 볼지, 여러 가지의 선택지가 있습니다. 자신이 알고 싶은 내용과 제시하고자 하는 현상에 따라 더욱 적합한 선택지를 생각해야 할 것입니다.

이 사례의 경우, 필자라면 한발 더 나아가 다음과 같은 가설을 세울 것입니다.

원인(후보)	경쟁업체가 가격 변동을 한 번이 아니라 몇 번씩 반복하고 있다.
지표 데이터	가격 변동의 움직임과 매출 변화 간의 관계성을 알고 싶으므로 가격 변동률 데이터를 활용한다.

그 이유는, 가격 자체보다 변동률을 제시하는 편이 '원래 가격에 대

한 변화의 충격 = 고객이 심리적으로 느끼는 변화의 크기'를 더욱 직접적으로 나타낼 수 있기 때문입니다.

다만, 가격 그 자체를 데이터로 활용해도 결과가 크게 다르지 않을 수도 있습니다. 그럼에도, 내용에 따라서는 지표를 조금 다르게 바꾸는 것만으로도 결과의 정확도가 크게 달라지기 때문에 입수하기 편하다는 이유로 무작정 데이터를 활용하는 것은 피해야 합니다.

사례 2: 인구 문제

한 가지 더 사례를 들어보겠습니다. 다음의 원인을 여러분이라면 어떤 지표 데이터를 사용해서 나타내겠습니까?

문제	우리 도시의 인구가 감소하고 있다.
원인(후보)	고등학교 졸업 후, 전출해서 돌아오지 않는 인구가 증가했기 때문이다.

고등학교를 졸업하고 고향에 남지 않은 사람 수를 매년 집계하고 있습니까?

아니면 고등학교 졸업생 전체 대비 고향에 남지 않는 사람의 비율을 매년 집계합니까?

전자의 경우, 고향에 남지 않은 사람이 몇 명인지 정도는 사실 확인이 가능할지도 모릅니다. 하지만 만약 고등학생 전체 인구수가 저출산 등으로 인해 감소 추세라면 '고향을 떠난다'는 것의 영향이 어느 정도인지 나타내기 어렵습니다.

실제로, 여러 가지 선택지 중에 어떤 데이터를 활용해야 할지 고민하게 될 것입니다. 목적과 사례에 맞추어 생각하는 것이 원칙이지만, 현 시점에서 콕 집어 선택하기 어려운 경우에는 몇 가지 지표 데이터를 활용하여 각각 분석을 수행해보는 것이 현실적입니다. 필자 역시 그렇게 몇 가지 지표 데이터를 활용해서 분석을 수행한 다음, 더 명확히 말하고자 하는 것을 전할 수 있는 쪽을 우선하도록 하고 있습니다.

데이터 수집이 어려운 경우

문제에 대한 원인을 몇 가지 추측했지만, 이들을 직접적으로 나타낼 수 있는 데이터가 없거나 수집하기 어려운 경우가 많습니다. 그럴 때는 다음과 같은 순서를 적용해보길 바랍니다.

① 유사한 데이터에는 어떤 것이 있을지 생각해본다(정확도는 약간 떨어지더라도, 데이터가 없는 것보다는 낫습니다).

② 지금 바로 수집을 시작한다(시간적인 여유가 있는 상태이고, 본질적인 데이터가 필요하다면).

③ 정량적이 아닌, 정성적인 정보로 대응한다(설문조사 응답 및 청취 자료 등).

④ 포기한다(해당 부분은 본인의 가정을 통해 보완).

데이터를 제시하는 것이 가장 이상적이긴 하지만, 항상 데이터가 있는 것은 아닙니다. 중요한 것은 '원인'에 대해 생각해보는 단계를 거쳤는지 여부입니다.

문제와 원인, 그 관련성 유무를 확인하는 방법

지표를 결정했다면, 그다음은 원인 후보와 문제가 정말 관련성이 있는지 확인해야 합니다. 여기서는 확인 과정 2단계를 소개하겠습니다.

1단계: 시각적으로 관련성을 확인한다

'두 가지 지표' 사이의 관련성을 시각화합니다. 두 가지 지표란 문제와 결과를 나타내는 데이터와 원인을 나타내는 데이터를 말합니다. 물론, 문제와 결과를 나타낼 지표가 정해져 있고 데이터 또한 수집 완료된 상태를 전제로 합니다(**그림 4-2**에서 C에 해당).

'문제와 결과를 나타내는 지표'가 세로축, 가설로 수립한 '원인 후보 지표'를 가로축으로 하여 '산포도'를 작성합니다(**그림 4-6**). 그러면, 세로축과 가로축의 관련성을 시각적으로 포착할 수 있습니다.

산포도로 표현된 내용 중 어떤 부분에 초점을 두어야 할지는 목적과 배경에 따라 천차만별입니다. **그림 4-7**은 그중 하나입니다.

그림 4-7에 주목하시기 바랍니다. (1)과 유사한 산포도를 보였을 경우, 데이터 전체의 경향을 분석할 수 있습니다. 즉, 가로축이 증가하면 세로축도 증가하는 관계인 것입니다. 만약 이 가로축이 정기 메일 발송 빈도이고 세로축이 방문 고객 수라고 하면, 정기 메일을 일정 기간 발송하면 그만큼 고객이 방문한다는 구조가 성립합니다. 이러한 관련성을 통해, 방문 고객 수가 최근 줄어든 원인으로 '정기 메일 발송 빈도가 낮다'라고 할 수 있을 것입니다.

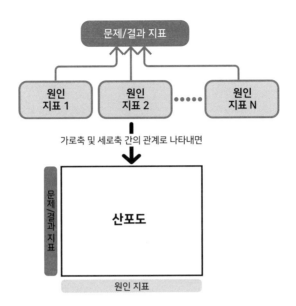

그림 4-6 산포도로 나타내본다

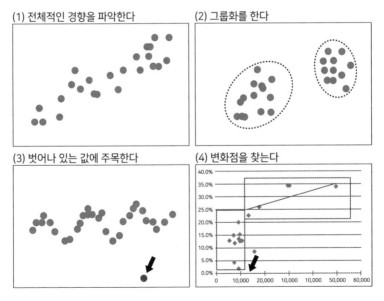

그림 4-7 산포도 예

(2)의 경우, (1)처럼 알기 쉬운 경향이 아니라, 몇 개의 데이터 그룹을 도출해서 분석할 수 있는 사례입니다. 각 그룹에 대한 특징과 다른 그룹과의 차이를 발견해서 결과와 문제에 대한 원인을 알아낼 수 있습니다.

(3)은 전체 데이터 집합에서 크게 떨어져 있거나 벗어난 데이터의 존재가 보입니다. 이런 데이터를 '벗어난 값'이라고 표현하겠습니다. 벗어난 값이 있는 것 자체가 문제라고 생각하는 사람이 많지만, 꼭 그런 것은 아닙니다. 벗어난 값이 존재하는 이유는 그때그때 다릅니다. 데이터 입력 실수일 수도 있고, 다른 데이터와 수집 시기나 전제가 다를 수도 있습니다. 만약 벗어난 값이 나타난 이유를 찾아낼 수 있다면, 결과의 차이를 만들어낸 원인을 규명할 수 있을 것입니다.

(4)는 데이터 전체를 보지 말고, 분기점에 주목해야 하는 경우입니다. 데이터를 그룹으로 묶다 보면 전체에만 눈이 가기에 십상입니다. 즉, '이 그래프(전체)에서 무엇을 읽어낼 수 있을까'라고 생각하게 되는 것입니다. 하지만 그래프를 반드시 전체적으로 봐야 한다는 규칙은 딱히 없습니다. 이 사례처럼 중간에 경향이 바뀌는 분기점이 있는 것을 알아차리고 '이 분기점 전후에 어떤 차이가 있는지'에 초점을 맞춘다면, 문제 및 결과, 그리고 문제에 대한 원인을 파악할 수 있는 실마리가 될 수도 있습니다.

하지만 어디를 분기점으로 볼지는 전적으로 작업자 자신의 주관이기 때문에 한계점 또한 있습니다. (4)처럼 그래프에 선이 그어져 있으면 알기 쉽지만, 선이 없다면 자신의 머릿속에서 선을 그어야 하는데, 수월한 일이 아닙니다. 어쨌든 수집한 데이터를 모두 활용하여 전체적으로 살펴보는 것만이 능사가 아니라는 점을 염두에 두시기 바랍니다.

실제로는 **그림 4-7**처럼 모든 사례의 관련성을 명확히 밝혀낼 수는 없습니다. 오히려 실무에서는 명확한 관련성이 잘 안 보이는 경우가 압도적으로 많습니다. 다만, 어떠한 관련성도 찾을 수 없다는 것 또한 하나의 결론이 될 수 있다는 점을 기억해두시기 바랍니다. 관련성이 없다는 것은, 바꾸어 말하자면 데이터 분석을 통해 여러분이 추측한 것이 문제와 결과의 원인이 아니라는 것을 밝혀냈다는 이야기입니다.

2단계: 통계 지표를 확인한다 ~ 상관계수 ~

1단계 **그림 4-7**에서 소개한 산포도를 통한 시각화로 분석 가능한 사례는 매우 많습니다. 그리고 **그림 4-7**의 (1)과 같이 가로축 세로축이 선형 관계를 보일 경우, 그 관련 정도를 나타내는 통계 방식이 있는데, 이를 '상관분석'이라고 합니다. 또한, 가로축과 세로축의 관련도(얼마나 직선에 가까운 형태인지)를 나타내는 상관계수를 이용합니다.

가로축과 세로축에 의한 지표 데이터 조합이 많을 때, 그 모든 조합으로 산포도를 만들게 되면 비효율적입니다. 지표 데이터 조합이 많을 때는 일단 상관계수를 활용하여 분석을 수행하고 관련성이 있는 것처럼 보이는 조합을 먼저 들여다보는 것이 좋습니다.

다만, 데이터의 관련성을 모두 상관분석을 통해 파악 가능한 것은 아닙니다. 더 자세하게 관련성을 알아보고 싶을 때는 산포도를 통해 시각화하는 편이 무난합니다.

그럼 상관분석을 할 때 사용하는 '상관계수'에 대한 설명을 하겠습니다. 또한 절 끝에 나오는 칼럼에서 엑셀 함수를 활용한 사례를 소개하도록 하겠습니다. 업무에서 엑셀을 자주 이용하는 분은 참고하시면 좋습니다.

상관계수는 −1부터 +1 사이의 값을 가지며, 그 값에 따라 두 지표의 관련성(이 사례의 경우, 문제와 결과가 원인과 관련성이 있는지 확인하는 것이 목적)을 파악합니다.

그 값을 해석하는 방식은 특별히 복잡한 규칙이 있는 것은 아니며, 경험적으로 대체로 **그림 4-8**과 같은 해석이 일반적입니다.

- ■ −1　～ −0.7 : 강한 부적 상관관계
- ■ − 0.7 ～ −0.5 : 부적 상관관계
- ■ − 0.5 ～ +0.5 : 약한 상관관계/상관관계가 없음
- ■ 0.5　～ +0.7 : 정적 상관관계
- ■ 0.7　～ +1　 : 강한 정적 상관관계

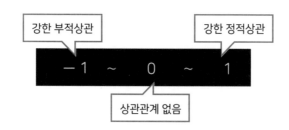

그림 4-8 상관계수의 해석 방법

'부적 상관관계'란 한 쪽의 값이 증가하면 다른 값이 감소하는 것을 뜻하며, '정적 상관관계'는 두 값이 증가하고 감소하는 경향이 같은 경우를 말합니다. 예를 들어, '프로모션 비용을 늘리자 방문 고객이 증가

했다'라는 사례에서는 프로모션 비용과 방문 고객 수 사이에 '정적 상관관계'가 있다고 할 수 있습니다. 실무 관점으로 봤을 때, 굳이 앞선 5단계의 수치 해석을 엄격하게 적용하지 않고 '상관관계 있음/없음' 정도로 설명해도 충분한 경우가 많습니다.

또한, 활용하는 데이터 수와 조건에 따라 상관계수의 정확도는 큰 차이가 있습니다. 5단계 수치 해석의 경우도, 어디까지나 대략적인 기준이라는 점을 염두에 두시기 바랍니다.

상관분석을 다룬 사례

그림 4-9는 1단계와 2단계 결과를 조합한 세 가지의 사례입니다.

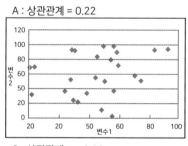

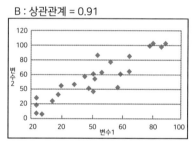

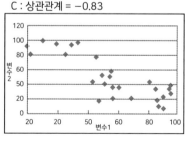

그림 4-9 다양한 상관분석 결과

A를 먼저 보면, 두 데이터 간 상관계수는 0.22로, 상관관계가 약하고 가로축과 세로축의 관련성이 별로 없다는 것을 시각적으로도 알 수 있습니다. 상관계수와 그래프 결과가 일치하고 있는 것입니다.

B는 가로축과 세로축의 증가 감소 경향이 같으며, 선형 관계를 시각적으로 인지할 수 있습니다. 상관계수 값도 강한 정적 상관관계를 나타내고 있습니다.

C에서는 부적 상관관계를 알 수 있습니다.

이쯤 되면, 문제 및 결과가 원인과 어떤 관련성이 있는지 스토리를 만들 수 있고 '데이터를 분석하고 있다는 느낌'이 들게 됩니다. 필자가 말하는 '데이터 정리'라는 영역을 뛰어넘어 '데이터 분석'을 제대로 하고 있다고도 할 수 있습니다. 이 분석 결과를 보여주면 듣는 사람들도 납득하기 쉬울 것입니다.

상관분석과 상관계수는 널리 알려진 용어지만 상대방도 잘 알고 있다고 단정할 수는 없습니다. 그럴 때 '상관분석 결과, ~~ 했습니다'나 '상관계수는 XX입니다'라고 하면 매우 불친절한 설명이 될 것입니다. 상관관계에 대한 설명은 물론, 산포도를 통해 시각적으로 보여주는 것이 한층 더 상대방의 이해를 높이는 방법입니다. 어려운 분석은 아니므로, 고등학생들도 이러한 사고방식과 분석이 가능하도록 하면 좋을 것입니다.

그런데 정말로 중요한 것은 산포도나 상관분석 계산 결과를 도출하는 것이 아닙니다. 데이터를 다룰 때는 반드시 다음과 같은 질문을 자신에게 던지기 바랍니다. 그러고 나서, 얼마만큼 되어 있는지(하고 있는지), 다음에 필요한 것은 무엇인지 등을 잘 생각해봐야 합니다. 이러한 사고 과정이 데이터 활용에서는 방법론이나 통계이론보다 훨씬 중요합니다.

- 실적과 결과 표시만 하고 끝낸 것은 아닌지.
- 이 결과를 통해 구체적인 판단이나 행동으로 연결될 것인지.
- 문제와 결과에 대한 원인을 충분히 고려했는지.

Column 엑셀 함수를 사용해서 상관계수를 찾기

여기서는 엑셀의 함수를 이용해 상관계수를 구하는 방법을 소개하겠습니다.

그림 4-10은 '방문자 수'라는 문제 및 결과가 '광고 선전비'라는 원인 (후보)과 어떤 관계가 있는지 상관분석을 수행한 사례입니다. 실제로 분석에 활용한 데이터는 '광고 선전비' 집행 실적과 '방문자 수' 두 가지입니다. 이 두 데이터를 엑셀 함수 중 하나인 CORREL 함수에 적용하고 그 결과를 나타냈습니다.

상관계수를 보면 0.94라는 강한 정적 상관관계를 보입니다. 따라서 다음과 같은 결론을 도출할 수 있습니다.

- 광고 선전비를 늘리면 방문자 수가 증가한다.
- 방문자 수가 줄어든 원인 중 하나로, 광고 선전비가 적다는 것을 들 수 있다.

확인을 위해 두 지표의 관계를 산포도로 시각화한 것이 **그림 4-11**입니다. 강한 정적 상관관계가 있기에, 정비례에 가까운 결과를 확인할 수 있습니다.

◢	A	B	C	D	E	F	G	H
1								
2								
3	상품명	월	광고 선전비	방문자 수	상관계수			
4		4월	3,004	2,295	0.94			
5		5월	3,982	5,928				
6		6월	279,284	20,399	=CORREL(C4:C15,D4:D15)			
7		7월	198,374	11,245				
8		8월	10,492	4,567				
9	상품 A	9월	78,938	8,673				
10		10월	70,293	6,394				
11		11월	69,283	7,124				
12		12월	54,900	4,958				
13		1월	112,938	8,256				
14		2월	116,823	7,982				
15		3월	93,847	6,504				
16								

그림 4-10 엑셀을 이용한 상관 분석 사례

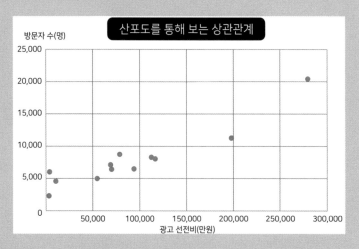

그림 4-11 광고 선전비와 방문자 수의 관계

산포도와 상관계수를 활용한 분석 사례

그럼, 지금까지의 내용을 활용한 사례를 함께 보도록 하겠습니다. 필자가 지자체에서 실제 데이터를 이용해 현재 직면한 문제를 분석하는 워크숍을 진행했을 때의 자료입니다. 다만, 이 책에서는 값 등의 데이터는 실제가 아닌 가상으로 변경했습니다. 지금까지의 내용을 이해한 지자체 공무원들이 어떤 방식으로 결론을 도출했는지 참고가 되길 바랍니다.

사례 1: 노동력 부족이 실적에 영향을 미치는가?

"지역 경제 활성화를 위해 경제에 영향을 끼치는 원인을 분석하고, 그 원인에 초점을 맞추어 대응 방안을 수립해야 한다. 이를 위해 그 원인이 무엇인지 데이터를 통해 객관적으로 밝혀내고자 한다."

위와 같은 목적을 가지고 분석을 시작했습니다. 처음에 들었던 생각은 지역 내 기업들의 실적이 안 좋은 것이 '노동력 부족' 때문이 아닐까 하는 것이었습니다. 만약 그렇다면 노동력 부족 해소를 위한 대책을 수립하여 추진하는 것으로 지역 경제 활성화에 공헌할 수 있을 것입니다.

데이터는 업종별 통계를 활용하며, 업종별 실적을 나타내는 지표로 BSI(Business Survey Indes: 기업경기실사지수)를 이용했습니다. 또한 노동력 부족을 느끼는 기업 비율에 관한 데이터를 기존에 입수해두었기 때문에, 또 하나의 축으로 삼아 분석을 시도했습니다.

처음에는 '노동력 부족 현상이 일어나고 있는 기업은 실적에도 문제가 있을 것이다'라는 가설을 세웠습니다. 실제로 데이터를 모아 산포도로 그려보니 **그림 4-12**와 같은 결과가 나왔습니다.

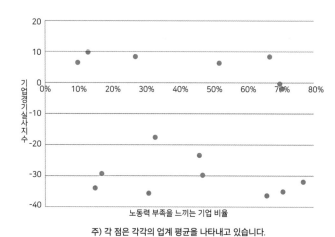

주) 각 점은 각각의 업계 평균을 나타내고 있습니다.

그림 4-12 사례 1의 산포도 ① (데이터는 가상이며, 실제 수치가 아닙니다)

이를 보면, 가로축과 세로축 사이에 관련성이 없다는 것은 확실합니다. 실제로 상관계수를 계산해보니, -0.12 로 '상관관계 없음'을 나타내고 있습니다.

분석팀은 이 시점에서 두 지표 사이에 관련성이 없다는 결론을 내고, 작업을 일단 중지했습니다. 관련성이 없다는 것은 증명했지만, 다음에 무엇을 해야 하는지 벽에 부딪혀버린 것입니다.

그때 필자는 '상관관계가 전부가 아닙니다', '관계성에 대해 다른 시점에서 살펴보고 공통점을 찾아내는 것이 어떨까요?'라는 조언을 했습니다.

그래서 다음 **그림 4-13**과 같이 산포도를 작성했습니다. 일단 전체를 선형 관계 여부로 판단하는 상관관계라는 것에 대해서는 잠시 제쳐놓고, 전체를 네 부분(사분면)으로 나누어 각각의 특징을 찾아보았습니다. 결과적으로 전체를 다음 네 그룹으로 분류했습니다.

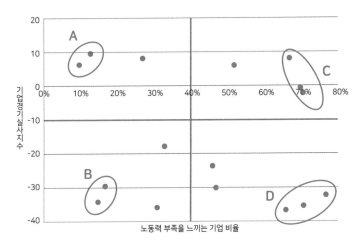

그림 4-13 사례 1의 산포도 ②

- 그룹 A에 속하는 업종은 노동력 부족을 느끼지 않고 실적은 좋은 편이다.
- 그룹 B에 속하는 업종은 노동력 부족을 느끼지 않지만, 실적이 좋지 않다.
- 그룹 C에 속하는 업종은 노동력 부족은 느끼지만, 실적이 좋은 편이다.
- 그룹 D에 속하는 업종은 노동력 부족을 느끼며 실적도 좋지 않다.

이로부터 다음과 같은 결론을 내보았습니다.

"그룹 C의 공통점을 찾아서 이로부터 이끌어 낼 수 있는 성공 요인을 그룹 D에 활용할 수 있지 않을까?"

"그룹 B에 공통된 문제점이 무엇일까?"

"어떤 업종에 대해서 어디에 초점을 맞추어 대책을 수립해야 할까?"

"더 깊이 파고들기 위해서 필요한 것은 무엇인가?"

상관관계의 유무는 어디까지나 중간 과정이며 수단에 불과합니다. 수단에 너무 사로잡히지 말고, 의미 있는 결론으로 이어질 때까지 끈기 있게 가로축과 세로축의 관련성을 찾아야 할 것입니다.

사례 2: 소비자 피해 센터의 활용도를 높이기 위해서는

소비자 피해에 대해 상담 받는 센터를 시민들이 더 이용하도록 하고, 실질적인 도움을 주고 싶다는 목적으로 작업을 시작했습니다. 하지만 어떻게 센터 활용도를 높일지에 대해서는 객관적으로 생각하지 않았습니다.

그래서 일반 시민이 센터에 오기까지의 동선에 주목해서 어떤 프로세스에서 병목 현상이 발생하고 있는지 상관분석을 시도했습니다. 가설과 데이터 검증을 수차례 걸친 결과, 다음 두 가지 포인트를 발견했습니다.

먼저, 전체적인 프로세스에 대해 **그림 4-14**와 같이 생각했습니다.

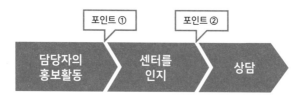

그림 4-14 사례 2를 통해 본 전체 프로세스

지역에 있는 담당자들이 시민 전체를 대상으로 소비자 상담을 홍보하고, 그 덕분에 일반 시민이 센터를 인지하게 되면, 그 결과로 실제 상담으로 이어지는 것입니다.

세 가지 프로세스 각각에서 병목 현상(**그림 4-14**에서의 포인트 1, 2)이 발생한 결과, 마지막 단계인 상담까지 이르지 못하고 센터의 기능을 제대로 발휘하지 못하고 있는 것으로 보입니다.

그래서 다음과 같은 데이터를 지표로 하여 지역별로 수집해보았습니다.

Ⓐ 담당자 수

Ⓑ 인지도에 관한 설문조사('장소와 역할을 알고 있다' + '이름과 역할은 알고 있지만 장소는 모른다'라고 대답한 사람 수)

Ⓒ 상담 건수(인구 1000명 대비 건수)

이들 데이터를 활용하여 각각 데이터 간 상관관계를 분석해보니 다음과 같은 결과가 나왔습니다.

- Ⓐ - Ⓑ 사이의 상관계수: 0.8(그림 4-15 포인트 ①)
- Ⓑ - Ⓒ 사이의 상관계수: -0.1(그림 4-16 포인트 ②)

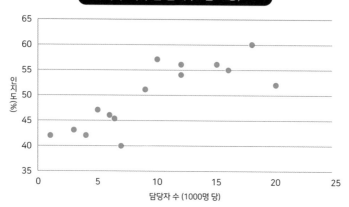

그림 4-15 사례 2의 산포도 ①

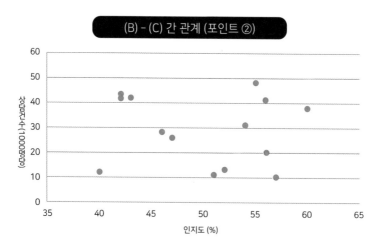

그림 4-16 사례 2의 산포도 ②

(A)와 (B) 사이에 강한 상관관계가 나타나고 있으므로, 다음과 같은 결론을 도출했습니다.

- 담당자가 더 가까운 곳에 있을수록(수가 많을수록) 센터의 인지도가 증가한다

그리고 인지도에 관한 설문조사 결과를 조금 바꾸어 보도록 하겠습니다. '장소와 역할을 알고 있다', '이름과 역할은 알고 있지만 장소는 모른다'라고 대답한 사람의 비율이 아니라, '장소와 역할을 알고 있다'라고 대답한 사람만 대상으로 분석을 시도한 결과가 **그림 4-17**입니다.

- (B) 인지도에 관한 설문조사 결과('장소와 역할을 알고 있다'라고 대답한 사람)

그림 4-16에서는 상관계수가 -0.1이었지만, 설문조사 결과의 응답자 범위를 좁혔더니 0.8로 크게 바뀌었습니다(**그림 4-17**).

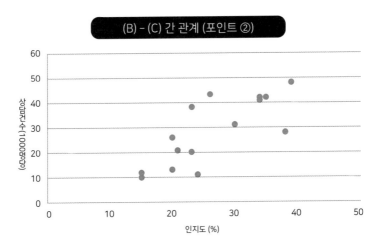

그림 4-17 사례 2의 산포도 ③

그림 4-17의 결과로부터 다음과 같은 결론을 도출했습니다.

(그림 4-16의 분석을 통해 (B)와 (C)는 상관관계가 없다는 것이 밝혀졌으므로) 센터의 이름과 역할을 안다고 해서 상담으로 이어지지는 않지만, (그림 4-17에서 (B)와 (C) 간에 상관관계가 있다는 것을 통해) 센터 장소까지 알고 있다면 상담으로 이어지기 쉽다.

※ 그림 4-16과 그림 4-17이 (B)의 정의(범위)를 각각 다르게 해서 분석한 것을 주목하기 바랍니다.

이러한 결론을 통해 다음과 같은 대응 방안을 수립해보았습니다.

- 센터의 인지도를 더 높이려면 담당자 수를 더 늘려야 한다(그림 4-15 결과)

- 센터의 존재를 알리는 것이 아니라, 센터의 장소가 확실히 인지될 수 있도록 홍보 전략을 수립한다(그림 4-16과 그림 4-17 결과의 차이)

프로세스 내의 병목 현상에 주안점을 두고, 데이터의 전제를 바꾸고 분석한 결과의 차이에 주목하는 것처럼 어떤 문제에 대한 유연한 발상과 착안은 행정 업무에만 해당하는 것이 아닙니다. 상관관계를 응용한 사고방식은 민간기업을 포함한 모든 프로세스에 적용 가능합니다. 핵심은,

OO과 OO의 관계성을 통해(또는 파악해서)
어떤 결론을 내릴 수 있을까?

이에 대해 지속적으로 생각하는 것입니다.

즉, 앞선 내용을 목적이나 가설로서 명확히 하고, 넓은 시야로 여러 각도에서 가능성을 찾아내는 것이 바로 원인을 분석하는 데이터 문해력입니다. 이를 위해(데이터 중심이 아닌, 목적 중심 사고를 통해) 시행착오를 반복하며 경험을 쌓아 점차적으로 기량을 향상시켜야 합니다.

여기서 소개한 사례도 그와 같은 역량을 쌓는 과정에 참가 중인 공무원들이 만든 산출물 중 일부입니다. 여러분도 충분히 시간을 들여서 기량을 갈고닦기를 바랍니다.

상관분석을 비롯해 '관련성'을 탐색할 때 몇 가지 주의사항이 있습니다. 여기서는 결론을 내릴 때 중요한 점을 소개하도록 하겠습니다.

직접적인 관계인지, 간접적인 관계인지?

데이터상 관련성이 있는 것처럼 보여도 실제로는 두 데이터 사이에 직접적인 관련성이 없는 경우가 은근히 많습니다.

예를 들어, 여러분이 운영하는 점포의 홈페이지 업데이트 빈도와 방문객 수의 상관관계를 살펴보았을 때, 높은 상관관계가 나타났다고 하겠습니다. 당연히 산포도를 통해서 시각화해도, 그 관련성이 확인될 것입니다.

그런데 만약 홈페이지 업데이트 빈도를 높인 시점에 마침 여러분의 가게 근처에 사는 유명 블로거가 홈페이지를 방문해서 관련 블로그를 작성하고 그 기사가 널리 퍼졌다고 한다면 어떨까요? 홈페이지 업데이트 빈도와 관계없이, 간접적으로 방문자 수 증가라는 결과에 영향을 줄 수 있을 것입니다.

하지만 그 유명 블로거의 존재를 무시하고 분석 결과만으로 결론을 내린 다음 홈페이지 업데이트 빈도를 올린다면, 성과가 과연 나올 수 있을까요? 다시 그 블로거가 블로그를 게재해주지 않는다면 예상한 결과를 얻기 어려울지도 모릅니다.

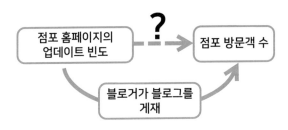

그림 4-18 데이터 속에 과연 답이 있을까?

문제는 블로거가 블로그를 썼다는 사실은 이 데이터에서 알아낼 수가 없다는 점입니다. 이것이 1장에서 설명한 '데이터 속에 답이 있는 것은 아니다'라는 사례 중 하나입니다.

'데이터를 뒤져보면 그 안에 반드시 답이 있을 것이다. 그것을 찾아내자'라는 식의 발상은 일단 리셋하고, 데이터를 보기 전에 가능성이 있는지를 먼저 생각해봐야 합니다. 물론 그렇게 해도 모든 사실을 알수 있는 것은 아니지만, '데이터 중심 사고'에 비하면 그 차이는 매우 큽니다.

원인은 한 가지가 아니라, 여럿이거나 복잡할 수도 있다

현상 중 대부분은 결론과 원인의 1대 1 관련성만으로 설명할 수 없습니다. 방문객 수라는 결과에 대해 생각해보더라도, 홈페이지 업데이트 빈도만이 증감의 원인이라고 단정할 수는 없을 것입니다.

우연히 홈페이지 업데이트 빈도 데이터를 입수해서 이를 분석해봤더니 명확한 상관관계가 도출되었다면, '앗! 이게 원인이구나!'라고 생각해서 더는 분석하지 않게 됩니다. 하지만 어지간히 단순한 관련성을 가지지 않는 한, 한 가지 원인만으로 모든 것을 설명하기에는 상당한 위험이 있다고 생각하는 것이 무난합니다. 위험을 회피하기 위해서는 모든 가능성을 염두에 두고 사고를 확장해 원인을 고려하는 것이 데이터 문해력의 기본입니다. 이 점에 대한 자세한 설명은 7장에서 하겠습니다.

선형이 아닌 관계성도 존재한다

상관관계의 정의를 떠올려 주시기 바랍니다. 상관관계가 있다(높다)는 것은 두 데이터 사이의 관계가 '선형'이라는 말과 같습니다. 이러한 사고방식은 단순하고 알기 쉽다는 장점도 있지만 모든 관계성이 전부 선형 관계인 것은 아닙니다.

예를 들어, **그림 4-19**와 같은 관계성도 있습니다.

그림 4-19 관계성이 선형이 아닌 경우의 예

그림 4-19의 경우 세 가지 형태 모두 가로축과 세로축 사이에 어떠한 관계성이 있는 것으로 보입니다만, '선형' 관계는 아닙니다. 이 경우, 상관관계의 계수(절댓값)는 크지 않으며, 분석 결과 또한 '상관관계 없음'이 됩니다. 하지만 그것이 양자 간 '관련성이 없다'라는 의미는 아닙니다.

앞선 사례가 있기 때문에, 단순히 상관계수만 도출하기보다는 산포도로 시각화하는 것을 추천합니다. 또한 상관관계가 복잡해 보일 때는 전체를 부분으로 나누고 그 범위에서 상관관계 유무를 확인하는 형태로 분석을 진행하는 방법도 있습니다(그림 4-20).

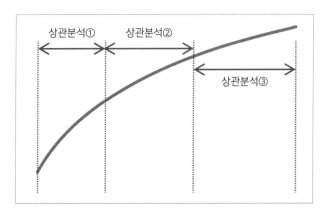

그림 4-20 전체를 나누어 분석하는 예

다만 필자의 경험상, 어떻게든 결과를 값으로 나타내려고 지나치게 신경 쓰다 보면 수단과 목적이 뒤바뀌어 버릴 수 있습니다. 그렇게 되면 보고하는 상대방에게 자신이 무엇을 했는지, 하고 싶은 것은 무엇인지가 제대로 전달되지 않고 이해에 어려움을 겪을 수가 있습니다.

알기 쉽게 전달하는 것을 중시할지, 아니면 계산상 정확도가 더 높은 결과를 원하는지, 미리 생각해두는 것 또한 데이터 문해력에 필요한 기술 중 하나입니다.

상관관계는 인과관계를 나타내는 것이 아니다

앞서 소개한 사례에도 적용되는 이야기지만, 상관분석 결과는 '인과관계'를 나타내는 것이 아닙니다. 선형 관계성 여부만 파악하는 것은 주의해야 합니다. '상관관계가 있다'라는 결과가 분석을 통해 도출되지만, 양자 간 '인과관계'가 있는지 어떤지, 그리고 어느 쪽이 결과이고 어느 쪽이 원인인지는 분석자의 '해석'이라는 것을 염두에 두어야 합니다.

바꾸어 말하면, 그 해석을 잘못하게 되면 본래의 인과관계와는 정반대의 결론을 내게 될 수도 있습니다. 실무에서는 인과관계를 잘 설명해야 결론이 성립되는 경우가 많기 때문에 이 점을 주의해서 진행해야 할 것입니다.

그리고 그 밖에도, 분석 기법상 주의점과 실무 과제를 응용할 때의 착안점 등 세세한 주의 사항이 많지만, 이 책의 범위를 넘어서기 때문에 여기서는 생략하도록 합니다. 이 책은 분석을 진행할 때 핵심만 요약해서 소개하려 합니다. 분석 시 주의점에 대해 더 공부하고 싶은 분은 모쪼록 다른 책을 참고해주시면 감사하겠습니다.

5

기법에
집착하지 마라

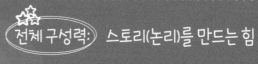

전체 구성력: 스토리(논리)를 만드는 힘

자꾸만 늘어가는 '방법맨'이란

지금까지 설명한 내용을 통해, 데이터를 활용하려면 본질적으로 논리적인 사고가 반드시 기반이 되어야 한다는 것을 이해했으리라 생각합니다.

여기서 말하는 논리적 사고란, 개별 데이터와 분석에 대한 것이 아니라, 전체적인 스토리를 탄탄히 구성하고 결론의 설득력을 높이기 위한 사고력과 구성력을 말합니다. 이를 제대로 갖추지 않으면 아무리 고품질의 데이터를 대량으로 수집하고 완벽한 방법론으로 분석했다 해도, 상대방을 설득하기는 어려울 것입니다. 설득이 어려운 이유는 전체적으로 흐름과 논리성에 맞지 않기 때문입니다.

2장에서 목적과 문제를 정의할 때, '문제'만 정의하지 않고 그 안에 '원인'과 '해결 방안'이 섞여 있는 경우가 많다고 서술한 바 있습니다. 여기서는 그것이 어째서 스토리 전체에 문제를 일으키는지 자세히 살펴보도록 하겠습니다.

문제 해결 프로세스 재확인

먼저 **그림 5-1**에서 이를 다시 한번 확인해보도록 하겠습니다.

그림 5-1 목적과 문제를 정의할 때 주의해야 할 세 가지 요소(2장 그림 2-4와 동일)

그림 5-1은 일반적인 문제 해결 프로세스를 가장 단순화한 형태로 나타내고 있습니다. 원칙적으로 세 요소는 각각 독립적이며, 그 순서가 정해져 있습니다. 여기서 벗어나면 벗어날수록 전체적인 흐름과 논리성이 무너지게 됩니다.

이 흐름은 지금까지 각 장에서 소개해왔으며 **그림 5-2**의 흐름과도 일치합니다. **그림 5-2**의 흐름은 **그림 5-1**을 조금 더 자세하게 나타낸 것이라 할 수 있습니다.

그림 5-2 데이터 활용 프로세스(1장 그림 1-8과 동일)

필자는 데이터 활용이나 데이터 분석이라는 개념에 크게 구애받지 않아도 되고 논리적 사고와 문제 해결 능력을 배양하기 위한 과정을 진행할 때는 **그림 5-1**과 같이 세 개의 단계로 구성된 단순한 프로세스를 소개합니다. 항상 이 세 단계를 염두에 두고 지금 어떤 단계를 밟고 있는지 생각해보도록 권합니다. 단순해야 더 기억하기 쉽고 결과적으로 일상에서 활용하기 쉽기 때문입니다.

문제 해결 프로세스에서 누구나 하는 실수

그럼, 민간 기업이든 지자체든 학생이든 누구를 막론하고 이런 단순한 프로세스를 준수하는 과정에서 일어나는 가장 큰 문제가 무엇일까요?

입장과 직종이 다르더라도 그 답은 한결같습니다.

곧바로 '해결 방안'에 무턱대고 달려드는 것

예를 들어, '우리 도시의 인구 문제'라는 주제를 다룬다고 가정하겠습니다. 지금부터 이 문제를 분석해보자 하면, 대부분은 정보(데이터)를 수집하고 현재 상태를 파악하는 것부터 시작합니다. 인구 데이터를 남녀별, 지역별 등으로 정리해서 과거부터 추이를 알아보고 앞으로 어떻게 될지 예측해서 그래프를 그리는 것이 일반적입니다.

그리고 그렇게 작성한 그래프를 보면, 분명 '인구가 감소하고 있다'라는 위기 상황을 일목요연하게 보여줄 수 있을 것입니다. 그런데, 그 다음에는 무엇을 할까요?

예를 들어, 다음과 같은 행동을 하고 있지 않을까요?

- 인구 감소를 완화할 수 있는 대응 방안을 강구한다.
- 다른 지역에서는 어떻게 하고 있는지 정보를 수집한다.

그 결과 구체적으로 다음과 같은 아이디어가 나올 것입니다.

- 행사 건수를 늘리고 규모를 크게 해서 다른 지역에도 적극적으로 홍보한다.
- 지방 특산품을 활용한 요리를 즐기거나 관광 명소를 일주하는 여행 프로그램을 기획해서 다른 지역 사람에게 참가를 홍보한다.
- 결혼 투어 프로그램을 기획해 주말에 젊은 커플들이 참가할 수 있도록 한다.

어떻게 생각하십니까?

아이디어 자체는 전부 나쁘지 않습니다. 필자로서도 발상과 내용에 대해서는 찬성입니다. 다만 문제는 그 프로세스에 있습니다. 데이터를 활용해서 현황을 파악하는 것은 좋지만, **그림 5-3**에서 나타낸 것처럼 느닷없이 '해결 방안'으로 뛰어드는 것입니다.

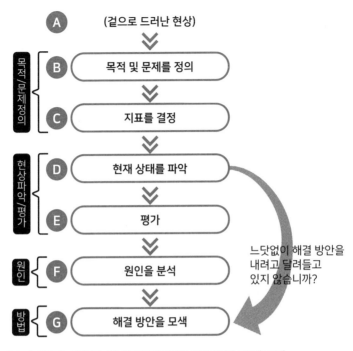

그림 5-3 논리적이고 이해하기 쉬운 결론을 도출하려면, 먼저 적절한 프로세스부터

아이디어를 제안한 사람들에게 '그 제안은 데이터에 기반하고 있습니까?'라고 물어보면 분명 YES라고 할 것입니다. 왜냐하면 '데이터를 활용해서' 문제점을 그래프로 시각화하고 그로부터 제안을 도출했다고 생각하기 때문입니다.

정말 '데이터 기반'이라고 할 수 있을까요?

여기서 잘 생각해보기 바랍니다. 데이터를 통해 확인한 내용이 정말로 직접적으로 제안 내용과 관계가 있습니까?

즉, '인구가 감소했다'라는 데이터에서 확인한 내용이 과연 '이벤트와

투어를 많이 실시하면 인구 감소를 완화할 수 있다'라는 결론을 입증하는 정보라고 할 수 있습니까?

이 질문에 대한 답은 말할 것도 없이 'NO'입니다.

만약, 맞든 안 맞든 상관없으니 참신한 아이디어만 내면 된다는 생각이라면, 애당초 데이터는 필요 없습니다.

필자는 이런 상황의 작업자를 '방법맨'이라고 부르고 있습니다. 세상 이곳저곳에는 방법맨투성이란 이야기를 하면 많은 분이 공감하십니다. 그만큼 폭넓게 만연하고 있다는 이야기입니다.

결과와 유효성에 차이가 생기는 '원인' 파악 유무

그럼 '해결 방안'으로 바로 뛰어들기 전에 취해야 할 행동은 무엇이 있을까요?

그것은 바로 '원인'을 분석하는 것입니다. 하지만 지금까지 계속 강조한 것처럼, 그 전제로서 '문제'가 적절히 정의되어야 합니다.

1장에서도 다루었지만, '해결 방안'은 '문제'에 직접적으로 적용하는 것이 아니라, '문제'를 일으키고 있는 '원인'에 적용하는 것입니다. 이는 마치 불이 났는데 그 원인을 찾아 소화 활동을 벌이지 않고 무작정 눈앞의 불에만 물을 쏟아붓는 것과 같습니다. 언 발에 오줌 누기 식은 통하지 않는다는 것은 '원인'의 필요성을 이해하신 독자라면 이미 알고 계실 것입니다.

'원인'을 충분히 고려했는지에 따라 '해결 방안'의 내용과 효과에도 큰 차이가 있다는 것을 기억하기 바랍니다.

'시간 외 근무가 많다'라는 '문제'의 '해결 방안 사례'

한 가지 사례를 들어보도록 하겠습니다.

그림 5-4는 '시간 외 근무가 많다'라는 '문제'의 '해결 방안'에 다다르기까지 몇 가지 프로세스를 나타내고 있습니다.

가장 왼쪽을 보면, 시간 외 근무 실적 데이터를 요일별로 취합한 결과 수요일이 많다는 것을 알게 되어 이에 대해 '수요일을 정시 퇴근일로 지정'한다는 '해결 방안'을 도출한 것입니다.

그 다음 오른쪽은, 데이터를 더 깊이 있게 분석해서 '수요일에 H 부서가 다른 부서에 비해 훨씬 시간 외 근무가 많다'는 것을 파악하고 이에 대한 '해결 방안'으로 'H부 부장에게 보고'를 제안했습니다. 둘 다 언뜻 '데이터에 기반한 객관적인 해결 방안'인 것처럼 보입니다.

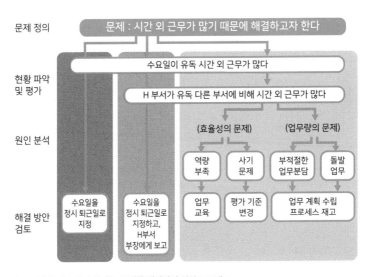

그림 5-4 '시간 외 근무가 많다'는 문제를 해결하기 위한 프로세스

그럼 '원인' 분석까지 진행한 경우 '해결 방안'을 어떻게 도출하는지 살펴보겠습니다.

그림 5-4의 다음 오른쪽을 보면, '효율'과 '업무량' 두 가지 경우로 분류해서 총 4개의 '원인'으로 분석했습니다. 이 원인에 해당하는 '해결 방안'은 다음과 같이 3가지로 도출되었습니다.

- 업무 수행 역량 관련 교육을 실시
- 평가 기준 개선
- 업무 계획 수립 프로세스 검토

어떤 방법이 적절할지, 우선순위는 어떻게 정할지 등에 대해서는 실제 '원인'에 대한 데이터와 정보를 수집한 다음 검증해보면 좋을 것입니다.

여기서는 지면 사정상 4가지 '원인'을 들고 있지만, 실제로는 훨씬 더 많은 '원인'을 들 수도 있을 것입니다. 여러분도 꼭 생각해보길 바랍니다.

'원인'을 깊게 분석하고 폭넓게 고찰하여 여러 가능성을 생각하는 것과 원인 분석을 건너뛰거나 소홀히 하는 것, 그 결과 도출한 '해결 방안'에는 엄청난 차이가 있습니다. 만약 여러분이 두 '해결 방안'을 본다면 어느 쪽이 정말 '효과적'이라는 생각이 들까요?

그림 5-4의 윗부분 즉, 초기에 가까운 프로세스에서 도출한 '해결 방안'은 그 내용도 겉핥기 수준이며 효과적이지 못할 것입니다. 현실에서도 그런 겉핥기 수준의 해결 방안에 많은 자원(비용, 시간, 인력 등)이 투입되었지만, 아무 성과도 얻지 못하는 경우가 많습니다.

다시 말하지만, 이처럼 아쉬운 결과가 나오는 것은 데이터 활용이나 분석 내용에 문제가 있어서가 아니라, 적절한 사고 과정을 밟지 않았기 때문입니다.

'공부 시간이 부족하다'는 문제에 대한 '해결 방안' 사례

이런 '방법맨' 문제는 민간 기업이나 지자체에만 있는 것이 아니며, 이해하기도 어렵지 않습니다.

2장에서 소개한 도쿠시마현 와키마치 고등학교의 학생들에게는 이 문제를 다음과 같이 분석해보도록 했습니다.

먼저 **그림 5-4**의 '시간 외 근무 문제' 등의 사례를 보여주고, 학생들 자신의 문제이기도 한 '시험공부 시간 부족'에 대해 **그림 5-5**와 같이 직접 그려서 공백을 채우도록 해보았습니다. 그리고 그룹을 짜서 각자의 생각에 대해 발표(설명)하고 다른 사람의 결과물과 비교해본 후, 논리성, 이해도, 효과 등을 토론해보았습니다.

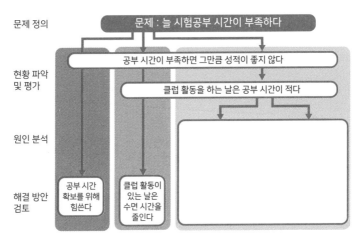

그림 5-5 '시험공부 시간이 부족하다'라는 과제를 해결하기 위한 프로세스

그림 5-6은 그 결과 중 하나입니다.

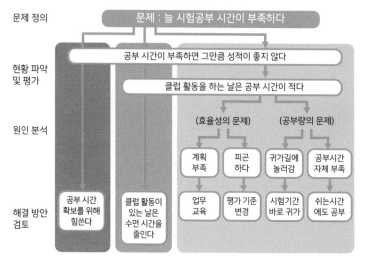

그림 5-6 공백을 채워서 완성시킨 사례 중 하나

그림 5-6의 해결 방안 검토 단계까지 가게 되면, 필자가 내놓은 해답 사례들보다 고등학생들이 생각해낸 아이디어가 훨씬 구체적이고 창의적입니다. 그다음에는 이러한 아이디어를 논리 흐름과 프로세스에 맞추어 발전시키면 됩니다. 이 워크숍도 항상 활기 넘치고 즐거운 분위기로 진행되고 있습니다.

당신도 '방법맨'이 되어 있지 않습니까?

필자는 거의 매번 강연 등에서 '방법맨' 문제를 언급하고 있습니다. 정부의 각료들 앞에서 강연했을 때는 간부 중 한 사람으로부터 '눈이 확 트였습니다'라는 평가를 들은 적도 있습니다. 고등학생부터 민간 기업, 정부 각료들에 이르기까지, 누구에게나 생길 수 있는 문제인 것입니다.

여러분도 만약 현재 시행 중인 '해결 방안'이 좀처럼 성과를 내지 못한다고 느껴질 때는, 그 방안에 이르기까지의 과정에서 '원인'을 간과한 결과가 아닌지 의심해봐야 할 것입니다.

자 그럼, 여기서 한 번쯤, 여러분 일상에서 맡은 업무나 진행해야 하는 행사, 활동 등에 대해서 다음과 같이 질문을 던져보시기 바랍니다. 바로 답을 하실 수 있습니까?

- 어째서 (다른 수단이 아니라) 그것이 필요한지?

- 그로 인해 어떤 것을 실현 또는 해결 가능한가? 그리고 효과적인 결과가 나올 것이라는 근거는 어디에 있는가?

앞선 두 질문에 대해 바로 답을 할 수 없는 경우, 또는 답을 했더라도 그 속에 자신의 상상이나 주관이 들어가 논리적 비약을 일으키고 있다면, 여러분도 '방법맨'이 되어 있을 가능성이 큽니다.

방법맨이 돼버리는 구조
'생각한다'의 두 가지 의미

왜 이토록 쉽게 '방법맨'이 돼버리는 것일까요? 이를 위해서는 먼저, '머리를 써서 생각해봐'라는 발상과 지시에 대해 생각해봐야 합니다.

여러분은 그 말을 들었을 때, '생각한다는 것이 대체 뭘 어떻게 하라는 건지'까지는 아니더라도, '어쨌든 머리를 쓰면 된다는 거지'라고 여길지도 모릅니다.

하지만 필자는 '머리를 써서 생각한다'는 말에는 두 가지 상반된 요소가 있다고 생각합니다.

하나는 풍부한 창의성으로 혁신적인 아이디어를 생각해낸다는 의미이고 또 하나는 논리적으로 꾸준히 사물이나 현상의 원리를 추구한다는 의미에서의 '생각하다'입니다.

둘 중 어느 쪽이 좋거나 나쁘다는 이야기가 아니고, '생각의 종류가 다르다'는 것이 핵심입니다.

프로세스를 잊어버리기 십상

고등학생에게 '머리를 써서 생각해봐'라고 하면, '좀 더 유연한 발상으로 기발한 아이디어를 제안하는 것'을 떠올립니다. 예를 들어, '지역경제 활성화' 등을 주제로 삼았다면, '지방 특산물을 활용한 중저가 요리'를 구체적으로 생각하려 합니다. 그러고 나서 자신이 도출한 아이디어가 다른 팀(사람)에 비해 나은지 덜한지 하는 평가를 하는 데 중점을 두게 됩니다.

하지만 원래는,

'무엇을 해결, 실현하고자 하는가'(목적 및 문제)와

'무엇이 결정적 요인인가'(원인)

위 두 가지를 확실히 한 다음에,

'무엇을 해야 하는가'(해결 방안)

라는 순서로 사고를 진행해야 합니다.

평가 기준이 애매하다?

'아이디어 경진 대회' 등에서도, 실제 내용이 '참신한 아이디어'를 요구하는지, '논리성에 기반한 객관적인 아이디어'를 요구하는지 모호한 경우가 많습니다. 물론 '양쪽 모두 충족하는 제안'이 이상적이지만, 평가 기준이 애매한 상태에서 참가자들은 대체로 '참신한 아이디어' 쪽에 기울기 마련입니다. 경진 대회에서 마지막까지 남아 입상하는 작품들을 살펴보면, '내용의 논리성보다는 아이디어의 참신함'을 평가 기준으로 한 결과라는 생각이 듭니다.

당신의 '생각한다'는 어느 쪽?

반복해서 말하지만, '참신한 아이디어'를 '생각한다'는 것이 결코 틀렸다거나 나쁘다는 것이 아닙니다. 오히려 필자는 상상력이 부족한 편이라, 고등학생처럼 유연한 발상을 가진 사람들을 부럽다고 느낄 정도입니다.

그런데, 두 가지 '생각한다'는 개념의 차이를 명확히 하지 않고, 전체 논리성을 '생각'하는 것이 얼마나 중요한지 인식하지 못하는 경우가 많습니다. 그리고 필자는 이러한 인식을 사람들에게 전달할 기회 또한 많지 않다는 점에 강한 위기감을 느끼고 있습니다. 왜냐하면 '좋은 아이디어', '참신한 아이디어'가 좋다고 더 좋은 결과로 이어지지는 않습니다. 원래 둘 사이에는 직접적인 연관 관계가 없습니다. 지금 여러분의 '생각한다'라는 의미는 어느 쪽인가요? 꼭 한 번 확인해보기 바랍니다.

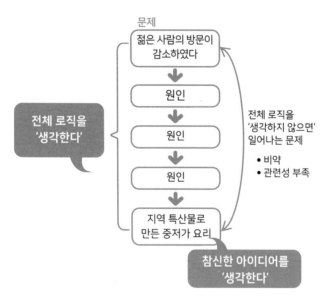

그림 5-7 두 가지 '생각한다'의 의미 차이

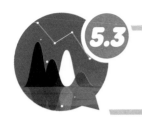

'왜(원인)' 그런지
끈질기게 생각하라

'방법맨이 되는 것을 피하려면 일단 '문제', '원인', '해결 방안'이라는 가장 단순한 프로세스를 항상 염두에 두고, 자신이 생각하고 있는(실행하고 있는) 것이 세 가지 중 어느 쪽에 해당하는지 파악해야 합니다. 그때, 특히나 '원인'에 대한 고찰 여부가 중요하다는 것은 지금까지 설명한 바 있습니다.

'문제'를 어떻게 정의하는가에 따라, '문제'라고 생각했던 것이 더 상위 '문제'의 '원인'이 되기도 합니다. 정답이 하나만 있는 것은 아니라는 의미에서도, 자기 생각을 논리정연하게 전달할 수 있는 능력이 필요합니다.

기본적으로 지금 자신이 생각하고 있는 것이,

'문제'인지?

'원인'인지?

'해결 방안'인지?

어느 쪽에 해당하는지 파악해야 합니다.

'원인'의 구조는 단순하게만 볼 수 없다

앞선 4장에서, 어떤 점포의 매출이 떨어진 원인으로 '경쟁사 가격 인하'와 '방문객 수 감소'를 제시했습니다. 원래 원인 후보는 그 외에도 훨씬 많이 있습니다만, 여기서는 단순하게 설명할 수 있도록 두 가지만 놓고 살펴보도록 하겠습니다.

원인 후보를 추출했다고 서둘러 다음 단계로 넘어가면 안 됩니다. 원인은 항상 단순한 구조가 아닙니다. 가급적 '어째서', '왜'를 반복해서 더욱 '본질적'인 원인까지 파고들어야 정확하고 밀도 있는 해결 방안을 도출할 수 있습니다.

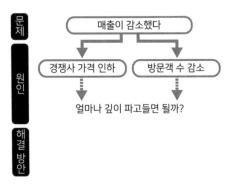

그림 5-8 '매출이 감소했다'라는 문제에 대한 원인 규명(예)

'방문객 수 감소'에 대해, '어째서 감소했을까'라는 이유를 생각해보도록 하겠습니다.

예를 들자면, '매장 직원 수를 줄였기 때문에 고객 대응이 원활히 이루어지지 않았다'가 될 수도 있고, '홈페이지 업데이트가 자주 안 되어 접속자 수가 줄고 그만큼 방문객도 감소한 것이다'라고 할 수도 있습니다.

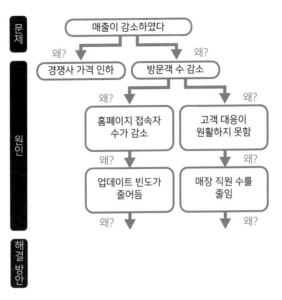

그림 5-9 해결 방안을 수립하기 전에 '왜?'를 반복한다

물론 다른 원인으로 추측할 수도 있지만, 어쨌든 이와 같이 깊이 파고들어 규명하는 사고방식이 필요합니다.

얼마나 '왜?'를 반복하면 될까?

그럼, 얼마나 '왜'를 반복하면 될까요? 실제로 하다 보면 그것이 가장 고민되는 부분일 것입니다.

예를 들어, 깊이 파고들지 않고 그냥 '방문객 수 감소'로 원인을 고정해버리면 어떻게 될까요?

아마도 '방문객 수' 관련 데이터를 수집하고 정말 감소하고 있는지 확인한 다음, 매출 감소와 관련 있는지 파악하려 할 것입니다. 결과적으로 두 지표 사이에 관련성이 있다고 판명되었을 경우, 최종 단계에 들어가서 그 원인에 대한 '해결 방안'을 제시해야 할 것입니다. 즉, '방문객 수 감소를 해결하는 방안'을 강구해야 합니다.

그런데 만약 여러분이 '좀 더 가격을 할인합시다'라거나 '가게에서 이벤트를 진행합시다' 등과 같이 방문객 수 회복을 위한 방법을 차례차례 제안한다면, '방법맨'에서 벗어나지 못한 것입니다. 왜냐하면, 그렇게 억지로 짜낸 아이디어와 '방문객 수 감소' 사이에는 큰 간극이 있기 때문입니다.

'어째서 방문객 수가 감소했는가'에 대해 원인이 명확히 규명된 후 수립하는 대책과 그런 과정 없이 즉흥적으로 만든 대책은 그 효과와 정확성에 엄청난 차이가 있습니다. 논리적인 흐름과 구조에 대해 생각하는 것에 비하면 구체적인 방법을 고민하는 것이 즐겁고 편하므로 이를 우선하기 쉽습니다. 하지만,

'해결 방안'을 고민하는 것은 마지막 단계

라는 것을 언제나 염두에 두시기 바랍니다.

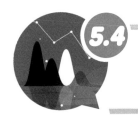

도전 문제!

이 장을 마무리하는 의미로, 필자가 워크숍에서 하는 연습 문제를 소개하겠습니다. '무엇이 문제인지'를 적절하게 정의하고, 그 '문제'에 대한 '원인'을 폭넓게 열거해서, 각 '원인'에 대한 '해결 방안'을 도출하는 흐름을 만들어보는 연습입니다.

여기서 소개하는 주제는 필자의 아들이 실제로 고민하는 내용입니다. 아들은 중학교 때 전교 회장이 되었는데, 취임 전에는 학생회 고문 선생님이 학생회 활동은 주 1일이라고 했으나 취임하자마자 그 말이 뒤집혀서 주 3일 이상 활동하는 경우가 많았다고 합니다.

그런 시간을 보내던 중, 귀가하여 다음과 같은 말을 필자에게 전했는데, 이것이 바로 도전 문제의 출발점입니다.

> "원래 주 1일만 활동한다고 들었는데, 실제로는 주 3일도 넘게 활동하고 있어. 거짓말한 것도 너무 나쁘고, 고문 역할도 그만두는 것이 어떨까?"

이 과제와 관련해 다음 세 가지를 생각해보고 **그림 5-10**과 같이 시트를 만들어 논리를 구축하도록 했습니다.

- 해결해야 할 문제는 무엇인지 구체적으로 정의해본다.

- 정의한 문제와 관련하여, '원인'이 무엇인지 다양하게 열거해본다.
- 앞선 '원인'에 대해 직접적이고 효과적인 '해결 방안'을 수립해본다.

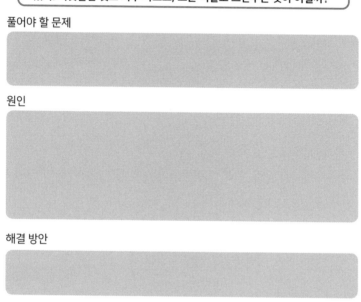

"처음에는 주 1일만 활동한다고 들었는데, 실제로는 주 3일도 넘게 활동하고 있어. 거짓말한 것도 너무 나쁘고, 고문 역할도 그만두는 것이 어떨까?"

풀어야 할 문제

원인

해결 방안

그림 5-10 논리를 구축해보자

그가 말한 내용인 앞선 과제는 '문제', '원인', '해결 방안' 중 어느 쪽에 해당하는지 잘 생각해보는 것에서 시작합니다.

일상적인 대화에서 흔히 있을 수 있는 일이지만, 말 안에 '문제'와 '해결 방안'이 섞여 있는 것을 눈치채셨나요? 이러한 관점에서, 이 말을 한 필자의 아들 또한 '방법맨'이 되어 있는 것입니다.

정리하는 방법은 여러 가지가 있을 수 있습니다. **그림 5-11**을 통해 그

중 한 가지 사례를 소개하겠습니다. 실제로 워크숍을 진행하다 보면 다양한 답들이 제시됩니다. 모쪼록 여러분도 나름의 생각을 정리해보기 바랍니다.

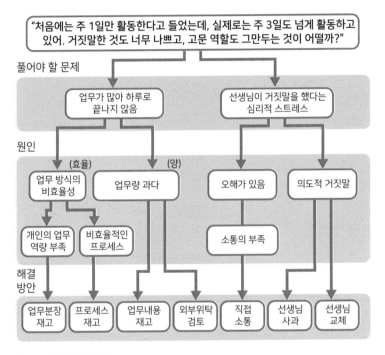

그림 5-11 사고 전개 방식 (예)

대부분 이같이 정답이 없는 과제를 다룰 때 논리 전개 방식을 정리하고 그 순서대로 진행해서 해답(해결 방안)에 이르는 과정을 배울 기회가 없습니다. 필자는 이러한 점에 위기감을 느끼고 있습니다. 왜냐하면, 바로 이러한 부분이 데이터를 제대로 활용하지 못하는 원인이 되고 있기 때문입니다.

이러한 사고방식은 비단 데이터 활용과 분석에만 필요한 것이 아닙니다. 토론을 진행하거나 기획하는 사람에게도 필요한 능력이며, 데이터를 쓰지 않아도 되는 문제를 다룰 때도 필요할 수 있습니다.

필자가 지식이나 방법론을 열심히 암기해봤자 데이터(분석)에는 소용없다고 말한 근본적인 원인이 바로 이것입니다.

6

'결론은 이것이다'
정보를 요약하라

정보 집약력: 정보를 수집하고 결론을 이끌어내는 힘

결과와 결론은 다르다

데이터를 수집하고 이를 처리, 분석한 '다음'에 하는 데이터 문해력 중 하나가 바로 '결론을 서술한다'입니다. 먼저, 여기서 주의해야 할 것은,

결과와 결론은 다르다

라는 것입니다. 계산과 분석을 해서 나온 결과물은 어디까지나 '결과'이며, 그 결과가 목적에 대해 어떤 의미가 있는지 설명하는 것이 '결론'입니다.

그럼 여러분이 '데이터 활용'을 할 때 마지막으로 필요한 것은 어느 쪽일까요? 당연히 '결론'일 것입니다. 그런데 모두가 입을 모아 '결론이 중요'하다고 하면서도, 대부분은 '결과'만 말합니다.

'결과'와 '결론'의 차이: 목적을 이해하지 못하는 사례

'결과'만 서술하는 데 머물고 있는 구체적인 사례를 살펴보겠습니다. 예를 들어, 여러분은 다음 결과를 어떻게 설명하겠습니까?

당신은 어느 가게의 홍보 업무를 맡았다고 합시다. 더 많은 고객이 방문하도록 메일링(웹진) 서비스 콘텐츠를 개발하려고 하는데, 그 전에 기존 콘텐츠가 효과적인지 아닌지 검증하고자 합니다. 그래서 지난 한 달 동안의 방문 횟수 평균 데이터를 성별, 메일링 리스트 등록 여부별로 구분해 수집하고, 그래프로 나타내 비교해보았습니다. 그 결과가 **그림 6-1**입니다.

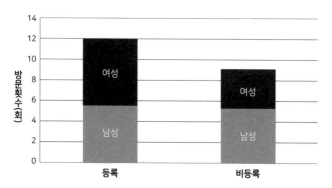

그림 6-1 결과물 사례(성별, 메일링 리스트 등록 여부로 구분한 방문 빈도 비교)

강연이나 수업 중에 이를 질문하면, 다음과 같은 답변이 많이 돌아옵니다.

- 메일링 리스트 등록 여부를 통해 비교할 경우, 등록한 사람의 방문 횟수가 더 높은 것으로 보입니다.

- 여성 고객의 경우, 등록한 사람이 그렇지 않은 사람보다 평균값이 높습니다.

- 남성 고객의 경우, 메일 수신 여부와 관계없이 방문 횟수 평균값이 비슷합니다.

앞선 답변에 대해 어떻게 생각하십니까?

'틀린' 답변은 없습니다. 그래프를 보고 바르게 '결과를 설명하고 있다'고 할 수 있습니다. 그럼, 여러분이 사장이라면 이 결과를 듣고 나서 어떤 판단과 행동을 지시하겠습니까? 아니 그 이전에, 과연 지시할 수 있을까요?

이런 내용의 보고에 대해 "그러니까 결국 뭐란 거지?", "하고 싶은 말은 무엇이며 어떻게 하라는 거지?"라는 짜증 섞인 질문을 하지는 않을까요?

왜냐하면 앞 답변은 전부 그래프를 통해 읽을 수 있는 사실에 대한 설명에 지나지 않기 때문입니다. 즉, '결과'에 대한 설명에 그치고 있습니다.

애당초에 여러분이 하고 싶었던 것과 알고 싶었던 것이 무엇입니까? 그리고 이에 대한 명확한 답변이 제시되어 있습니까?

앞선 세 가지 답변에는 어느 하나 이에 대한 답이 나와 있지 않습니다.

결론이란 결과에 기반해 도출해야 한다

거듭 말씀드리지만, '데이터를 활용한다'는 것은 판단과 행동으로 이어지는 결과물이 제시된 상태를 의미합니다. 앞선 사례를 들자면, 다음과 같은 답은 '결론'으로서 어떨까요?

- 메일링 리스트 등록은 방문 횟수 증가에 효과적입니다.

- 메일링 리스트 등록은 여성 고객에게 효과적이지만, 남성 고객에게는 그렇지 않습니다.

주목해야 할 부분은, 두 가지 답변이 그래프를 통해 메일링 서비스 효과를 확인하고자 하는 '목적'과 관련된 내용을 설명하고 있다는 것입니다. 그리고 결론에는 직접적인 계산 결과와 통계 용어는 포함되어 있지 않습니다. 그것이 포함되면 결과를 설명하는 것이 되기 때문입니다.

결과와 결론에 이르는 과정은 본질적으로 같습니다. 결론이란 결과를 기반으로 도출하는 것이기 때문입니다. 하지만 표현 방식은 다릅니다. 그리고 그 작은 차이가 상대방에게 전달되는 방식이나 이해도에 큰 영향을 미칩니다. 이 차이를 이해하는 것 또한 데이터 문해력에 있어서 중요한 요소입니다.

데이터 문해력에서는 '결과적으로 데이터를 분석해 획득한 정보를 목적에 맞게 활용하는 능력'이 필수적입니다. 어느 정도의 센스나 발상 능력이 필요합니다. 하지만 무엇보다 필요한 것은 원래 설정한 목적, 무엇을 말하고 싶은지, 말해야 하는지, 상대방이 알고 싶어 하는 것은 무엇인지 등을 명확히 하는 것이 중요합니다. 2장에서 '목적과 문제의 정의'를 강조한 것도 이와 연결됩니다.

실천적인 훈련이 부족한 정답 위주 교육

필자는 대학 강의 등에서 학생들에게 분석 결과를 발표하는 기회를 가급적 많이 주고자 합니다. 그리고 '결과가 아니라 결론을', '그로부터 알 수 있는 것은?', '그래프를 읽지 말고(설명하지 말고)'라는 말을 많이 합니다. 하지만 결국은 여전히 결과 설명에만 그치는 학생이 많습니다.

상대방에게 자신의 의사를 전달하는 것이 프레젠테이션인데, 결과를 설명하고 있다는 것은 자신이 데이터를 활용하는 목적을 모른 채 작업했다는 뜻입니다. 구체적으로 지적하기 시작하면 곧바로 알아듣곤 합니다.

계산이나 분석을 통해 눈에 보이는 값이나 결과물을 도출하는 것이 목적이 되어버리면, 그러한 함정에 쉽게 빠지게 됩니다.

유감스럽지만 여기서도 정답 위주 교육의 현실이 부각됩니다. 정확히 계산하고 그 값을 도출하기만 하면 만점을 주는 공립 교육에서는 결국 계산 결과를 틀리지 않는 것만을 목적으로 하게 됩니다. 그래서 결과만 나오면 목적 달성이라고 생각하고 안심하여 더 이상 진행하지 않습니다. 하지만 계산 결과는 과정일 뿐, 그 앞에 훨씬 중요한 것이 있는데 이를 인식하지 못하고 있다니 너무나 아쉽습니다.

필자가 고등학생과 대학생이 발표하는 것을 보고 나서 '그렇지만 그것은 결과일 뿐입니다'라고 말하면, 그들은 '아, 그건 그렇죠'라는 식으로 반응합니다. 아마도 그들도 내심으로는 '아직 과정일 뿐'이라고 알고 있지만, 결론을 내기 위한 실천적인 훈련을 경험하지 못했기 때문입니다.

'결과'와 '결론'의 차이: 데이터를 너무 단순하게 이해한 사례

다른 사례도 살펴보도록 하겠습니다. 필자가 교육이나 연수를 할 때 자주 이용하는 사례로서, 3장에서 소개한 다면적인 데이터의 활용법과 관련지어 말씀드리겠습니다.

여러분은 어떤 지자체에서 전입자 촉진 사업을 담당하고 있습니다. 다음 주에 우리 지역으로 이사를 검토 중인 젊은 부부가 방문할 예정입니다. 그들의 주된 관심사는 주거 비용을 최대한 절약하는 것입니다. 그래서, 시내의 주요 지역 두 군데(교외 지역, 도심 지역)의 비슷한 조건의 부동산 정보를 찾아서 표 6-1과 같이 월세 정보를 표시했습니다. 여러분은 이 부부에게 어떤 식으로 조언을 하시겠습니까?

(단, 넓이와 연식 등의 조건은 거의 같다고 가정)

교외	도심
48,000	141,000
75,000	64,000
68,000	119,000
79,000	44,000
87,000	111,000
54,000	81,000
79,000	112,000
78,000	127,000
49,000	62,000
52,000	133,000
62,000	78,000
68,000	90,000
87,000	45,000
55,000	148,000
88,000	119,000
84,000	62,000
80,000	93,000

표 6-1 시내 주요 두 지역의 집세 비교표

이 질문에 대해 가장 바람직하지 못한 답변은,

- 교외 지역의 평균 집세가 도심 지역의 평균 집세보다 낮습니다.

입니다.

분명, 각각의 평균을 계산해보면 교외 지역은 70,176엔이고, 도심 지역은 95,824엔이므로 대답 자체는 틀리지 않습니다. 그런데 과연 그 정보가 다음 주 방문하는 부부에게 있어서 얼마나 가치가 있을까요?

그들은 그 정보를 듣고 어떤 판단을 하고 행동을 취할까요? 그 부부의 관점에서 봤을 때, 앞선 답변은 0점짜리입니다.

앞선 답변에는 두 가지의 문제점이 있습니다. 먼저, '평균'이라는 통계 용어가 들어 있는 시점에서 결국은 단순히 계산 결과만 늘어놓은 것에 불과합니다. 그리고, 각각의 정보를 데이터 크기라는 기준으로만 분석했기 때문에 얻을 수 있는 결과가 제한적일 수밖에 없습니다.

그러면 여기서 다면적인 정보에 대한 파악이라는 관점을 적용하여 생각해보도록 하겠습니다. **그림 6-2**를 참고하여 주시기 바랍니다.

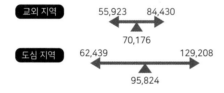

	교외	도심
평균	70,176	95,824
표준편차	14,253	33,385
평균 − 표준편차	55,923	62,439
평균 + 표준편차	84,430	129,208

그림 6-2 데이터를 통해 분석한 정보

그림 6-2에서는 표준편차를 이용해 집세의 분산 상태를 나타내고 있습니다. 몇 가지 전제가 필요하기는 합니다만, 간단히 말해 월세의 평균값±표준 편차 범위 내에 전체 데이터의 약 3분의 2가 모여 있다고(= 표준 데이터 범위) 할 수 있습니다.

그럼 이제 생각해봐야 할 차례입니다. **그림 6-2**를 보고 여러분은 어떤 '결론'을 도출하시겠습니까? 그리고 그때, 어떤 표현을 사용하여 설명하시겠습니까?

예를 들면 이런 것은 어떨까요?

"분명 시세는 교외가 도심보다 싼 편이지만, 선택의 폭을 생각하면 도심 쪽이 압도적으로 넓다고 할 수 있습니다. 그리고 도심에서 좋은 부동산을 찾아낸다면 결과적으로 교외 시세보다 쌀지도 모릅니다. 일단 도심에서부터 찾아보는 것은 어떠신지요."

앞의 설명에서 평균값을 '시세'로, 표준편차와 분산을 '선택의 폭'이라는 표현으로 바꾼 것에 주목하시기 바랍니다. 상대방은 평균값이나 표준편차, 분산상태 등에 관심이 없습니다. 그들은 자신들이 어떤 것을 기준으로 삼아 부동산을 찾으면 될지 알고 싶을 뿐입니다. 이에 대해 답변해주어야 좋은 결론이 될 수 있습니다.

그래프를 효과적으로 사용해 결론을 내린 사례

마지막으로, 결론을 효과적으로 입증하기 위해 데이터를 어떤 방식으로 보여줄지를 다룬 사례를 한 가지 소개하겠습니다. 이것은 필자가 대학 강의에서 학생들에게 자주 내는 과제 중 하나입니다.

자사 초콜릿 제품 8개에 대한 최신 판매 실적을 지점별로 집계해서, 표 6-2와 같이 나타냈습니다. 이 데이터를 통해 알 수 있는 범위 내에서, 향후 상품 전략 및 판매 전략 등으로 이어질 수 있는 제안을 결론으로 정리해주세요.

제품	지점				합계
	도쿄	오사카	요코하마	나고야	
A 초콜릿	34	15	30	10	89
B 초콜릿	49	41	32	47	169
C 초콜릿	35	49	32	33	149
D 초콜릿	16	11	26	17	70
E 초콜릿	54	72	94	130	350
F 초콜릿	55	65	65	63	248
G 초콜릿	52	51	59	54	216
H 초콜릿	23	33	16	20	92

표 6-2 지점별 판매 수

이 과제도 물론 정답은 없습니다. 먼저 자신이 하고 싶은 말이 무엇인지를 '목적'으로 정의하고, 이를 위해 필요한 데이터를 가공하고 비교평가를 수행합니다. 그리고 중요한 것은, 자기 나름의 '결론'으로 매듭짓는 것입니다.

이 장에서 설명한 내용을 강의하고 나서 과제를 냈는데도 불구하고, 절반 정도의 학생은 발표하면서 '결과'만을 담담히 말합니다. 이만큼 단순한 데이터지만, 결론에 이르기는 쉽지 않다는 것입니다.

그래프를 활용한 결론의 예

보여주는 방식과 결과, 결론은 이런저런 형태가 있습니다만, 예를 들어 **그림 6-3**의 그래프를 보고, 'E 초콜릿 판매에 주력하고자 합니다. 특히, 나고야 지점에 자원을 투입하겠습니다. 왜냐하면, 다른 지점에 비해 가장 많이 팔리기 때문입니다'라는 결론을 냈다면, 나쁘지 않다고 생각합니다.

또한 마찬가지로, 'A와 D 초콜릿의 판매량을 늘리도록 하겠습니다. 한정된 자원을 투입하게 되므로, 판매가 저조한 하위 두 제품에 집중할 것입니다. 다만, 이들 두 상품을 다른 상품과 지점별로 비교해보면, 나고야와 오사카에서 고전 중이기 때문에, 일단은 이 두 지역을 지원하고자 합니다'라는 결론도 좋습니다.

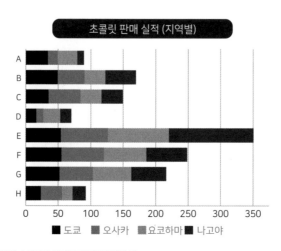

그림 6-3 제품명 순서대로 막대그래프를 작성한 예

그래프 그 자체로 결론을 설명할 수 있는 예

그런데 만약 이런 결론을 낼 때, 한 걸음 더 나아가서 결론을 일목요연하게 알 수 있는 근거를 제시한다면 상대방의 이해도가 훨씬 올라가지 않을까요? 조금만 신경 쓰면 가능합니다.

그림 6-4는 제품별 합계 판매 실적을 많은 것부터 순서대로 정렬한 것입니다. 제품별 판매 실적 크기를 결론으로 연결하여 '그 관점에서

결과를 보았더니 어떤 상품이 클로즈업되었는가'라는 메시지를 그래프에서 바로 읽어낼 수 있도록 하면 됩니다. 그것이 바로 **그림 6-4**입니다.

즉, **그림 6-4**는 판매 실적 크기 차이를 기준으로 결론을 도출하겠다는 의도가 반영된 그래프입니다. 그래프를 보여주는 방식을 조금만 바꾸어도, 단순히 계산 결과만 보여주는 것이 아니라는 것을 상대방에게 전할 수 있습니다.

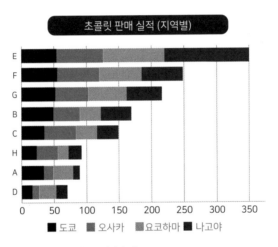

그림 6-4 판매 실적 순서로 막대그래프를 작성한 예

결론을 상대방에게 말할 때, 이와 같은 방식을 취하는가 그렇지 않은가에 따라 효과가 크게 달라집니다.

자신의 목적을 구체적으로 정의하고 이에 직결되는 결론을 낼 수 있을지, '말하자면'으로 시작해서 그다음 말을 이어나갈 수 있을지가 관건입니다. 마지막 결과물을 다시 한번 확인하는 습관이 몸에 배어 있는 사람일수록 상대방이 '그렇군요!'라고 이해할 확률이 높습니다.

결론을 낼 때
주의해야 할 점

결과로부터 결론을 도출할 때는 자신의 정보 집약 능력에 더해 어느 정도 상상력도 필요합니다. 하지만 여기서 주의해야 할 점은, 필요 이상으로 자신의 해석을 덧붙이지 않아야 한다는 것입니다. 원칙적으로, 어디까지나 데이터를 통해 알 수 있는 사실의 범위 내에서 생각해야 합니다.

데이터로 설명 가능한 범위인가?

초콜릿 판매 실적 데이터 사례를 통해 생각해보도록 하겠습니다.

모든 지점을 통틀어 가장 많이 팔리고 있는 E 초콜릿이 도쿄에서만 유독 판매량이 적은 것은, 이 지역에 경쟁사가 비슷한 제품을 투입했기 때문이다.

이와 같은 결론을 냈다고 할 때, 분명 더 조사해본다면 그런 배경이 있을지도 모릅니다. 하지만 경쟁사의 움직임을 나타내는 정보는 원래 데이터에 전혀 들어 있지 않습니다. 아마도 자신 또한 어디까지가 데이터를 통한 사실이고 어디까지가 자신의 상상인지 경계가 흐릿해진 것일 수도 있습니다. 어쨌든, 데이터라는 객관적인 것을 활용했음에도 불구하고, 마지막 결론에서 스스로 그 품질을 떨어뜨린 셈이 됐습니다.

학생들의 경우 특히 이런 실수를 자주 범합니다. '데이터의 계산 결과를 단순히 읽는 것이 아니라 무슨 의미가 있는지 자신의 말로 설명하시오'라고 결론을 낼 것을 지시하면, 자신도 모르는 사이에 자신의 해석과 상상을 섞어버리곤 합니다.

그럴 때 필자는 '아마 그럴 수도 있긴 하지만, 그건 어떤 데이터를 보면 알 수 있는 것인가요?'라고 되묻습니다. 그래야 비로소 자신의 실수를 깨닫습니다.

즉, 자신이 '그것은 어떤 데이터를 통해 알 수 있는지'를 의식하면서 자가점검을 하지 않는다면, 데이터로 설명 가능한 범위에서 벗어나기 쉽다는 것을 의미합니다.

간단한 사례를 들어보도록 하겠습니다. 데이터를 통해 다음 세 가지 정보를 알아냈다고 했을 때, 어떤 결론을 도출할 수 있을까요?

⑴ 한국 사람은 먹는 속도가 빠르다.
⑵ 한국 사람은 걸음이 빠르다.
⑶ 한국 사람은 말하는 것이 빠르다.

이 문제를 내면, 다음과 같은 결론을 내는 분이 많습니다.

■ 한국 사람은 시간에 쫓기듯 살고 있다.
■ 한국 사람은 성미가 급하다.

이제는 아시리라 생각합니다. 이는 데이터에 기반한 결론이라고 말하기 어렵습니다. 왜냐하면, (1)~(3)에는 '빠른 이유'도 없고 '한국 사람의 성질'에 대한 내용도 없습니다. 결국 '어떤 데이터를 통해 알 수 있습니까'라고 물어보면 대답할 수 없는 것입니다. (1)~(3)의 정보에서 떠오른 이미지를 통해 이런 결론에 도달했다고 추측됩니다. 하지만 여기서 묻고 있는 것은 '당신은 어떻게 생각하십니까?'가 아니라, '데이터를 통해 알 수 있는 것은 무엇입니까?'입니다.

그럼 다소 건조하게 들릴 수도 있지만, '한국 사람은 평소 동작이 빠르다'라는 식의 결론은 어떨까요? '먹다, 걷다, 말하다'를 '평소 동작'이라고 자기 나름의 해석을 했지만, 해석 범위를 최소한으로 한정했습니다. 여러분이라면 어떤 결론을 내리시겠습니까?

인지 편향(선입견)

그 밖에도 인간이 정보를 수집할 때 일어날 수 있는 위험으로 '인지 편향'이라 불리는 몇 가지 선입견을 들 수 있습니다. 인간은 누구나 100% 객관적이고 합리적인 판단이 불가능하며, 여러 가지 편향적인 경향이 존재한다고 합니다. 이러한 것들이 '데이터로 설명 가능한 범위인가?'에서 소개한 실수의 근본적인 원인이라 할 수 있습니다.

의도와는 관계없이, 자신에게 더 유리한 정보에 치우쳐 분석하거나, 더 유리하게 해석하여 결론을 내리는 경우가 많이 있습니다. 아마 모든 사람이 경험했을 것입니다.

좀 전에 소개한 E 초콜릿에 대한 결론 또한, '인간은 무언가의 이유를, 그것도 자신이 그렇다고 생각한 이유를 붙이려 한다'라는 편향이 작용한 것입니다.

그리고 몇 가지 사례와 데이터를 본 것만으로 이를 과도하게 일반화하여 다른 경우에도 적용 가능한 것처럼 해석하는 편향도 자주 일어납니다.

예를 들어, 노인이 운전 중에 사고를 일으킨 사례를 자주 접하고 나서, '역시 노인이 운전하는 건 위험해'라며 모든 노인의 운전이 위험한 것처럼 해석할 때도 많습니다. 자신이 본 것은 어디까지나 몇 가지 사례 데이터임에도 그렇습니다. 심지어는 '노인은 성미가 급해서 운전도 난폭하니까'라며 자신이 혼자 상상한 이유를 무의식적으로 결론에 추가하는 등, 점점 사실에서 멀어지는 일도 벌어집니다.

데이터는 직접 자신이 보거나 경험한 것 이외의 세상을 간접적으로 보여주는 편리한 도구지만, 데이터가 나타내는 것이 세상의 전부라 할 수는 없습니다.

정답은 역시 한 가지가 아니다

이 문제를 어렵게 만드는 요인은 바로 정답이 하나만 있는 것은 아니라는 것, 그리고 그 정답이란 것은 아마도 영원히 알 수 없다는 점에 있습니다. 즉, 지금 자신에게 선입견이 작용하고 있다는 것을 인식하기란 매우 어렵고, 작용하고 있다고 인식하더라도 정답을 확인하는 것 자체가 어려운 경우가 많습니다.

'데이터로 알 수 없는 내용을 결론에서 말하고 있다'는 것이라면 금방 확인할 수 있지만, 이런 경우는 어떨까요?

다음 4가지의 정보를 통해 어떤 결론을 도출하시겠습니까?

(1) 서울의 물가는 비싸다.

(2) 도쿄의 물가는 비싸다.

(3) 방콕의 물가는 비싸다.

(4) 베이징의 물가는 비싸다.

앞선 사례의 경우, 정보에 근거해 생각해본다면 아마도 결론이 몇 가지는 나올 것입니다.

예를 들어, '아시아 국가의 수도는 물가가 비싸다'라는 결론도 가능하고, '수도의 물가는 비싸다'라고 해도 틀리지는 않습니다. 또한, '아시아의 도심부 물가는 비싸다'라거나 '아시아는 물가가 비싸다'라는 결론도 성립합니다.

'무엇이 정답입니까?'라고 물으면 안 됩니다. 이 세상에서 정답이 한 가지뿐인 것은 학교에서 출제하는 시험 문제뿐입니다.

여러분은, 어떤 결론이 적절하다고 생각하십니까?

'스스로 정답을 만들어내고 이를 논한다'라는 자세를 흔들림 없이 유지하는 것 또한 데이터 문해력의 중요한 요소입니다.

'데이터로 문제를 해결할 수 있다'는 착각

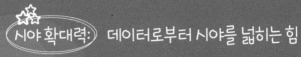

시야 확대력: 데이터로부터 시야를 넓히는 힘

데이터 안에는
답이 없다고 생각하라

지금까지의 이야기를 통해, 단순히 데이터를 보는 방식이나 분석 방법론, 통계 지식만 갖고서는 객관적인 문제 해결에 전혀 도움이 되지 않는다는 것을 이해하셨으리라 생각합니다. 이와 동시에 꼭 필요한 것은 눈앞에 있는 데이터에 의존하지 않고 스스로 목적과 문제를 정의해 필요한 데이터나 분석 범위를 얼마나 넓은 시야로 디자인할 수 있는가임을 소개해 왔습니다. '이것이 당신이 알고 싶어 하는 것인가요'라면서 데이터가 자동으로 제시해주는 것이 아닙니다.

여기서 말하는 '디자인'이란, '목적과 문제를 정의하는 것', '이를 위해 필요한 데이터와 지표를 설정하는 것', 그리고 '그 데이터를 어떻게 분석해야 문제의 정보를 효과적으로 얻을 수 있는지 분석하는 것'에 대해 고려한 다음 데이터를 활용해 수행할 작업의 설계도를 그리는 것을 말합니다.

그런데 필자의 이야기를 지금까지 들은 분 중에는, '데이터 분석이 훨씬 간단할 줄 알았다'라거나 '무슨 말인지는 알겠지만, 실제로 분석을 해보려고 하니까 굉장히 어려워 보인다'라는 평가를 하는 분이 많습니다.

데이터를 다루는 기술을 익히려면 극복해야 할 것들

솔직히 말하자면, 분명 어렵게 느껴지는 부분이 있습니다. 이 책에서 소개한 사고방식에 대해 지금까지 의식한 적이 없다거나 체계적으로 배운 적이 없는 분이라면 더욱더 어렵게 느낄 것입니다.

문제를 푼다 = 반드시 존재하는 하나의 정답을 어떻게 찾아낼 것인가?

앞선 내용이 절대적으로 맞는 것처럼 교육받아온 사람이라면 정답이 있는지 없는지 알 수 없고, 정답이 하나가 아닐 수도 있고, 무엇이 정답인지 결국 알 수 없는 이런 상황이 견딜 수 없는 것입니다. '데이터 속에 분명 존재할 터인 정답을 찾아내야 한다'라는 발상을 가진 사람일수록 더 납득할 수 없거나 더 어려워질 것입니다.

가장 적합한 해답을 찾기 위한 논리적인 사고방식이란

그럼, 왜 '데이터 중심'으로 생각하면 안 되는지, 왜 데이터에 의존하지 않는 사고방식이 필요한지, '목적 중심' 사고에 대해 다시 한번 생각해보겠습니다.

먼저, 무작정 데이터를 보면서 되는 대로 가설을 만들어 작업하면 어떤 결론(스토리)에 이를지 살펴보도록 할까요?

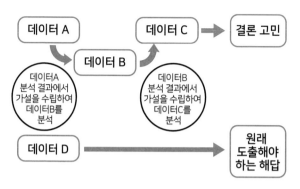

그림 7-1 무작정 되는 대로 분석을 하는 것은 위험하다

처음에는 어쩌다 입수한 데이터 A를 분석해 우연히 알게된 사항에 기초해 데이터 B를 분석했습니다. 그리고 그 결과를 토대로 데이터 C에 적용해서 분석한 후, 최종적으로 데이터 A, B, C로부터 결론을 도출했습니다. 그렇게 하면 언뜻 데이터 A~C까지 전부 흐름과 논리성에 맞는 결론을 낸 것처럼 보입니다.

그렇지만 이 방법은 첫 시작이 '어쩌다 입수한' 데이터 A이기 때문에, 그 분석은 데이터 A가 나타내는 범위를 넘어서지 못한 채 진행됩니다. 그로부터 얻어낸 결론도 물론 데이터 A가 나타내는 범위로 제한되며, 따라서 과제에 대한 '가장 적합한 해답'인지는 알 수 없습니다.

가령 이 작업(그림 7-1의 윗부분)에서 고려되지 않은 데이터 D가 있고, 이를 포함해서 분석한다면 데이터 A~C의 분석에서 나온 결론보다 더 본질적이고 적합한 답을 도출할 수 있을지도 모릅니다.

그럼, 여기서 한번 확인하도록 하겠습니다. 분석 담당자로서 여러분이 원하는 것은 과연 눈앞에 있는 데이터 A~C를 짜 맞추어 만들어낸 좁은 범위의 결론인가요?

아니면, 근본적인 과제에 대한 가장 적합한 해답인가요?

비즈니스 실무에서라면 두말할 것 없고, 일반적인 문제해결에서도 '근본적인 과제에 대한 가장 적합한 해답'일 것입니다.

분석 범위와 이용해야 할 데이터를 적절히 논리적으로 검토한 프로세스

그럼 눈앞에 있는 데이터에 제한되지 않는 적절한 프로세스란 무엇일까요?

그것은 각 과제의 데이터를 다루기 전에, 넓은 안목으로 전체를 가정하는 것입니다. 이 '가정'은 일반적으로 '가설'이라 하며, 목적과 문제에 대하여 데이터를 다음 사항에 유의하여 생각하는 것을 가리킵니다.

- 어떤 범위, 어느 시점의 정보(데이터)가 필요한가?
- 어떻게 처리, 가공해야 할 것인가?

말한 것과 같이, 이 시점에서는 눈앞의 데이터에 구애받지 않아야 합니다. 즉, 다음 프로세스가 가설 수립에 필요합니다.

'데이터 ⇒ 가설 (데이터에 기반한 가설 수립)'이 아니라,
'가설 ⇒ 데이터'

데이터 분석은 자신이 수립한 가설을 객관적, 논리적으로 검증하기

위한 것이라 할 수 있습니다.

지금까지 소개한 데이터 활용 전체 프로세스 중, 어떤 시점에 '가설을 거쳐 검증'이라는 개별 작업이 필요한지 확인해보도록 하겠습니다 (**그림 7-2**).

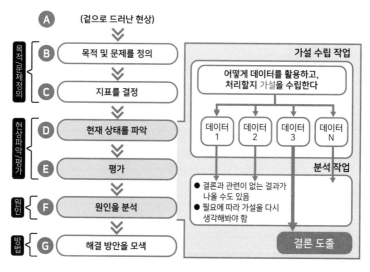

그림 7-2 데이터 활용 전체 프로세스(왼쪽) 중 가설 수립과 분석 작업

처음부터 범위(데이터)를 넓게 설정하면 분석 범위 자체도 넓어지므로, 수집해야 할 정보나 결과를 놓칠 위험이 줄어듭니다. 물론 설정 범위가 넓으면 데이터 확인 시 작업량이 늘어날 수는 있으나, 가장 적합한 해답에 이르기 위해서는 어쩔 수 없는 부분이라고 생각합니다.

실제로는 분석하면서 중간중간 결과를 확인하며 가설을 수정하거나 새로운 데이터를 추가해야 하는 경우도 발생합니다. 중요한 것은 분석에 활용할 데이터와 그 범위를 얼마나 넓게 설정할 것인가입니다.

7장 '데이터로 문제를 해결할 수 있다'는 착각

(1) 이 문제는 어느 정도 범위의 데이터가 필요한가?

(2) 이 데이터는 어떤 관점으로 바라봐야 하는가?

앞선 두 사항에 대해 논리적이고 폭넓은 시야로 고찰해야 합니다. 시야를 넓게 갖는다는 점에 대해서는 이후 자세히 설명하겠습니다.

시야를 넓히면
분석의 폭도 넓어진다

예컨대, 직장에서의 시간 외 근무 문제에 대한 데이터 분석을 진행한다고 하겠습니다. 어떤 사람이 이 문제는 '직원'(작업 효율과 속도 등 개인의 능력이나 의욕과 같은 질적 측면)과 '업무량'의 두 측면을 분석해야 한다고(즉흥적으로) 가설을 수립했습니다. 이렇게 하면 나름대로 두 가지 데이터로부터 뭔가 문제에 대한 힌트를 찾을 수도 있을 것입니다.

한편, 같은 문제에 대해 즉흥적인 범위에 머무르지 않고 논리적으로 생각해본 결과, '고객'에 대해서도 조사해봐야 한다는 가설을 수립한 사람이 있을지도 모릅니다.

두 사람의 차이점은, 고객의 불만 대응 등으로 말미암아 시간 외 근무가 늘어났다는 가능성을 고려했는지 아닌지에 있습니다. 즉, 이 직장에서의 시간 외 근무 문제를 '임직원', '업무량', '고객'이라는 세 축으로 정리해서 전체상을 내려다보고 분류하는 것을 통해, 분석 범위가 넓어지고 분석할 영역이 명확해진 것입니다.

논리 사고로 문제를 구조화한다

그럼 당면한 과제에 대한 범위나 분석 영역을 어떻게 하면 누락 없이 적절히 판별할 수 있을까요? 이것은 많은 사람이 고민하고 알고 싶어

하는 요점이기도 합니다.

유감스럽지만 이 질문에 대한 마법 같은 정답은 없습니다. 무작정 머릿속에 떠오르기를 기다린다고 되는 것도 아니고, 혼자 끙끙거린다고 답이 나오는 것도 아닙니다.

마법 같은 정답은 없지만, 필자가 생각하는 최선의 접근 방식은 '논리적 사고(로지컬 씽킹)' 입니다. 여기서 말하는 '논리적 사고'란 문제를 구조화하고 정리하면서 생각하는 것을 가리킵니다.

예를 들어, 시간 외 근무 문제에도 논리적 사고를 적용한다면, 데이터 수집과 분석 전 단계에 다음과 같은 구조화가 가능할 것입니다. **그림 7-3**에서 색칠한 부분이 구조화를 통해 알게 되는 것입니다.

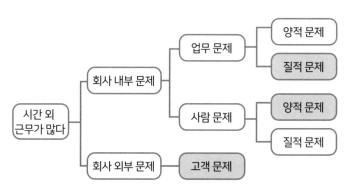

그림 7-3 논리적 사고를 통해 문제를 구조화한 결과

이 그림처럼, '업무량'뿐만 아니라 업무 배분과 내용 등, '업무의 질' 측면도 살펴봐야 한다는 것을 알게 됩니다. 마찬가지로, '업무 역량(질)'뿐만 아니라, '인원수(양)' 또한 문제가 될 수 있다는 가설이 수립 가능합니다.

이렇게 하면, 단순히 떠오른 것을 차례차례 나열하는 식의 접근법에 비해 망라된 범위나 논리성 등의 면에서 압도적으로 차이가 나는 결과를 도출할 수 있습니다.

구조화해서 정리하게 되면, 즉흥적으로는 생각할 수 없는 것을 알게 될 가능성이 커집니다. 그리고 '왜 이 데이터를 사용해서 분석했는가' 라는 질문에 대해서도 논리적인 설명이 가능해집니다. '항상 쓰던 데이터라서'라는 대답에 비한다면 하늘과 땅만큼의 차이입니다.

'보이지 않던 것'을
보이게 만드는 힘

그럼 구조화에 기반한 논리적 사고는 어떻게 습득할 수 있을까요?

물론 논리적 사고의 기초를 공부하는 것에서 출발한다고 생각합니다. 하지만 논리적 사고란 내용이나 기술만 이해해서는 소용이 없습니다. 여러 차례 시행착오를 거치면서 경험치를 쌓고 자신의 상상력을 키워나가야 합니다.

다만 아무 단서도 없이 시행착오만 거듭하는 것은 효율적이지 못합니다. 어느 정도 기법을 익히고 나서 직접 사용해보는 것이 효과적이고 효율적이라 생각합니다.

여기서는 '짝짓기'와 '자기 부정'이라는 두 가지 강력한 기법(사고방식)을 소개하도록 하겠습니다.

짝짓기

'시간 외 근무 문제'에 대해 다시 한번 생각해볼까요? '회사 내부 - 회사 외부', '양 - 질'이라는 서로 반대되는 '짝짓기' 카테고리와 콘셉트를 잡게 되면, 자신이 떠올린 아이디어에 '대응'이 되는 콘셉트 상자를 만드는 셈이 됩니다.

그렇게 하면, 상자에서 구체적으로 해당하는 것이 무엇인지 (시간 외 근무 문제의 경우, 고객 문제 및 인원수 등), 파악하기 쉽습니다. 동시에 그 것이 논리적으로 어떤 부분에 위치하게 될지도 구조 속에서 확인하여 제시할 수 있습니다.

여기서 전체를 구조화할지(가능한지) 아닌지가 중요한 것이 아닙니다. 물론 구조화가 가능하다면 이상적입니다. 하지만 구조화하는 것 자체를 목적으로 하면 안 됩니다. 문제의 구조화 작업만 해도 상당히 어렵다고 느껴져서 힘이 다하기 일쑤기 때문입니다. 데이터 분석도 시작하기 전에 작업이 중단되면 본말전도입니다.

먼저 자신이 생각한 아이디어와 수집된 데이터를 통해 알 수 있는 것들을 늘어놓고,

이에 '대응'하거나 '반대'되는 아이디어에는 무엇이 있을까?

에 대해 생각해보는 것입니다. 그리고 이를 통해 시야를 확대하는 식의 접근법을 취해보는 것입니다.

여러분도 자신의 주변 사례 중에 현재 보이는 것과 생각난 것들에 대해 '짝짓기'를 열거해보시기 바랍니다. 실제로는 자신에게 보이는 것이나 생각하는 것이 한 측면에 지나지 않는다는 것을 알게 될 것입니다.

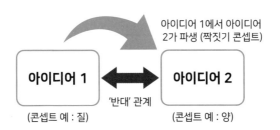

그림 7-4 짝짓기 콘셉트란

그림 7-4의 '아이디어 1'은 '무작정 생각한 것'이나 '항상 활용하는 데이터에서 도출한 것' 등을 말합니다. 하지만 그렇게 우연히 생각나거나 떠오른 것이 전부라고 생각하면 오산이라고 설명한 바 있습니다. 그 정보(아이디어 1)를 기점으로 다른 아이디어(아이디어 2)를 떠올리는 것이 짝짓기입니다.

그럼, 필자가 자주 사용하는 '짝짓기' 조합을 소개하도록 하겠습니다. 여러분도 모쪼록 자신이 활용할 수 있는 짝짓기를 발굴하기 바랍니다.

- 개인 - 조직
- 방법론(하는 법) - 의식(의욕)
- 있다(그렇지만 할 수 없다) - 없다

자기 부정

여기서 소개하는 기법도 짝짓기의 파생형이라 할 수 있습니다.

바로 자신이 떠올린 아이디어를 일부러 부정하는 것입니다. '만약 XXX가 아니라면?'이라고 자신에게 되묻습니다. 처음 떠오른 아이디어를 고집하지 말고, 이를 부정하는 행동을 통해 다른 아이디어를 강제로 도출하는 방식입니다.

예를 들어 보겠습니다.

---

1) 생각해 낸 원인의 아이디어

방문 고객이 줄어든 것은 홍보 횟수를 줄였기 때문이다.

---

2) 자기 부정

아니, 홍보 횟수의 문제가 아니라면 뭐가 있을까?
(즉, 홍보 횟수를 늘려도 문제가 해결되지 않는다면 어떤 다른 원인이 있을 수 있을까?)

---

3) 다음 아이디어

홍보 횟수를 늘려도 문제가 해결되지 않는다면, '홍보가 고객에게 도달하지 않았을' 가능성이 있는 것은 아닐까? 그렇다면 홍보 횟수는 관계가 없을지도 모른다.

---

4) 다시 한번 자기 부정

그럼 홍보 횟수를 늘리고, 그것이 고객에게 잘 도착하고 있다고 가정하고, 그런데도 방문 고객이 줄어든다면 어떤 원인을 생각할 수 있을까?

---

5) 또 다른 아이디어

홍보 내용에 문제가 있다(어필이 부족하다, 이해하기 어렵다 등)는 가능성은 생각할 수 없는 것일까?

이러한 사고 과정을 반복하면서 아이디어의 가능성을 늘려가는 것입니다.

다만, 6장에서 소개한 편향이 강한 사람일수록 '내 생각이 틀림없다'라는 편견으로 인해 자기 부정을 실천하기 어렵습니다. 일단 자기 생각을 중립 위치에 놓고, 원점에서 합리적으로 사고해야 시야가 넓어집니다.

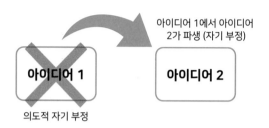

그림 7-5 자기 부정이란

지금 그리고 앞으로 필요한 '살아남는 능력'이란

반복해 말하지만, '정답 찾기'를 하지 말아야 합니다. 데이터 분석에 정답은 없습니다. 그렇지만, 어느 쪽이 더 흐름과 논리성에 맞고, 알기 쉬운지와 같은 상대적인 좋고 나쁨은 복수의 결과물을 비교해보면 알 수 있습니다.

필자는 강의와 연수, 워크숍 등을 통해 같은 과제를 개인별, 그룹별로 분석하고 그 결과와 프로세스의 차이를 공유해 수강생들의 기량 발전을 실현하고 있습니다.

하지만 결과 자체에 대한 좋고 나쁨의 평가나 이것이 얼마나 들어맞았을까에 대한 생각은 일단 접어두도록 합시다. '어딘가에 있는 정답을 찾으러 간다'라는 식의 생각은 학교 시험에나 해당하는 이야기이며, 실제 사회와 실제 문제는 전혀 그렇지 않습니다.

스스로 정답에 대해 고민하고,
이를 합리적으로 논할 수 있다.

바로 이것이 기계가 할 수 없는, 인간만 가능한 가치 생성 기술입니다.

데이터 문해력이란, '데이터에서 무언가를 읽어내는 능력'이 아니라 '스스로 정답에 대해 고민하고 데이터를 무기 삼아 합리적으로 논할 수 있는 능력'이라고 생각합니다.

그런 의미에서 '데이터'는 어디까지나 도구에 불과합니다. 그 도구는 논리적 사고라는 기반이 있어야 비로소 활용할 수 있는 것입니다. '데이터'와 '분석'이 각각 단독으로 존재하면 아무 일도 일어나지 않습니다.

'정답을 찾으러 가는 작업자'로 전락하지 않도록 모쪼록 여러분도 이 능력을 갈고닦기 바랍니다.

8

개인과 조직의
데이터 활용 능력을
높이는 방법

실행력: 문해력을 실현하는 힘

데이터를 활용할
'환경'은 적절한가요?

이 책을 읽고 계신 여러분께서는 실제로 학교나 대학, 직장 등에서 책 내용을 활용해, 조금이라도 가치 있는 결과를 도출하는 것이 목표일 것이라 생각합니다.

여기까지는 그 목표에 도달하기 위한 사고방식과 기술을 소개했습니다. 그럼, 이러한 내용을 100% 전부 이해했다면 최종 목표에 도달 가능할까요?

물론 '이해'할 뿐만 아니라, 결과물의 품질 향상을 위해 시행착오를 반복하면서 이를 실천하고 기량을 육성할 필요가 있습니다. 시간과 인내력, 체력도 또한 필요할 것입니다.

그럼, 이 '이해'와 '동기 부여'만으로 목표에 이르는 것은 가능할까요?

아마도 조금 어려울지도 모른다는 것이 필자의 솔직한 의견입니다.

그 밖에 필요한 것이 무엇일까요? 그것은 바로,

시간

입니다. 아무리 '필요한 프로세스'와 '이론'을 숙지하고 있더라도, 이를 실현하려면 시간이 필요합니다. 지금까지 소개한 내용은 전부 '이 버튼을 누르면', '이러한 프로세스대로 따라 하면' 곧바로 답이 나오는 것이 아닙니다.

나름의 결론을 도출하려면 작업 전에는 아이디어 발상과 이에 대한 검증, 작업 후에는 총정리하는 과정이 필수불가결합니다.

하지만 이를 알면서도 잘하지 못하는 주된 이유는,

시간을 확보할 수 없는 환경

에 있습니다.

평소의 공부나 업무가 바쁘기 때문에 이에 집중하느라 여유가 없고, 하루가 금세 흘러가 버립니다.

이와 같은 환경 속에서, '그럼, 이제부터 신중히 목적과 문제 정의를 시작해서, 도출한 결론을 잘 음미해본 다음 필요하면 다시 시도해서……'와 같은 식으로 생각할 수 있을까요?

분명 현실적으로 불가능할 것입니다.

왜 그런 것인가 하면, 원인은 당사자 개인 문제(인식, 각오, 또는 시간을 확보하기 위한 효율적인 업무 역량을 갖추고 있는지 등)일 수도 있고, 조직과 주위 사람들의 몰이해와 같은 외부 요인에서 비롯될 수도 있습니다. 어쩌면 둘 다 해당할지도 모릅니다.

이를 해결하지 않은 상태에서, '내용은 이해했을 터이니 이후는 자신의 노력에 따라 성과가 나올 것'이라 기대하는 것은 현실적이지 못합니다.

제한된 시간 속에서 가장 쉽고 간단하게 결과물을 도출하는 방법은 한 가지입니다. 수집한 데이터를 그래프와 표 등으로 시각화하고 이로부터 발견한 내용을 그럴듯한 결론으로 제시하는 것입니다. 마지막 결론을 짜내는 부분에서 좀 고생할 수도 있지만, 이렇게 하면 단시간에 결과를 만들어낼 수 있습니다. 어쨌든 결과물의 모양새는 갖추었으니

고비는 넘게 됩니다. 이런 식으로 고비를 넘기면 '다음번에도 이렇게 하면 되겠지, 바쁘니까'라며 악순환에 빠지게 됩니다.

이러면 시간이 아무리 흘러도, 우수한 지식과 기술을 갖추고 있다 하더라도, 좋은 교육과 훈련을 받더라도, 보물을 갖고도 썩히는 격이 됩니다. 이 상태에서 벗어나지 않는 한, 개인이든 조직이든 영원히 경쟁력을 갖추기 어렵습니다.

잘 나가는 개인과 조직은 무엇이 다른가

여기서는 필자 자신의 실무 경험과 연간 50개 이상의 기업 지원 경험을 정리해보도록 하겠습니다. 말씀드린 것과 같이 환경의 제약은 어디든 존재하며, 이를 한 번에 전부 해결하는 것은 거의 불가능합니다. 그것이 현실입니다. 하지만 착실하게 매사를 처리하면서 경쟁력을 키워가는 개인과 조직 또한 실제로 존재합니다.

그런 개인과 조직에는 어떤 공통점이 있을지, 소개하도록 하겠습니다. 모쪼록 끝까지 읽어주시기 바랍니다.

공통점 1: 선생님과 팀장, 파트장 등의 리더십, 책무로 확립되다

'나머지는 여러분이 열심히 해서 좋은 결과물을 만드세요'라고 방임하는 분위기가 아니라, 스스로 리더십을 갖고 구체적인 성과를 추구하는 경향이 있습니다. 이와는 반대로, 방법론만 배우면 지금보다 더 좋은 결과물이 나올 것이라는 기대만 하고 있다면 목표에 도달하기 어렵습니다.

'해야 한다'와 '안 해도 특별히 문제는 없다'라는 인식 간에는 압도적인 차이가 있습니다. 여러분의 조직과 팀에서는 '데이터를 활용하는 것', '논리적으로 제안하고 문제 해결을 하는 것' 중 어느 쪽에 중점을 두고 있습니까?

사람은 나약한 존재이기 때문에, 지금 바로 '하지 않아도 특별히 문제가 없는 것'에 대한 우선순위는 필연적으로 낮아집니다. 번거로운 데이터 활용 추가 작업에 비한다면, '반드시 해야 할 일', '친구와 노는 것', '오늘 밤 한잔하러 가는 것'이 더 우선시될 것입니다.

그럼 만약에 그토록 번거롭고 어렵게 느껴지는 데이터 활용 작업을 안 해도 별로 질책받지 않고 자신에 대한 평가에도 영향이 없다면, 즉, '안 해도 특별히 문제없다'면, 그것을 할 사람이 누가 있을까요? 흔치 않게 엄청난 동기 부여를 가진 사람이 언젠가 등장하길 기대하시나요?

'데이터 활용은 중요하다'라고 말하면서, 실제로는 '안 해도 특별히 문제없는' 상황인 경우가 많을 것입니다. 하지만 제도나 평가에 '데이터 활용'을 도입하고 업무 시스템으로 '반드시 해야 할 일'로 명시하고 있는 조직 또한 실제 존재합니다. 그런 조직은 '앞으로 나아가고' 있습니다.

공통점 2: 목적이 명확하다

이 책에서 반복해 설명하는 핵심입니다. 데이터를 사용하는 목적은 무엇인가? 데이터를 분석해서 실현하고 싶은 것이 무엇인가, 어떤 행동으로 이어지게 하고 싶은가? 앞으로 나아가는 조직은 그런 명확하고 구체적인 목표와 목적을 제시하고 현장에서 공유하고 있습니다. 그마저도 '스스로 생각해'라고 할 수도 있지만, 이는 팀과 조직 단위의 목적을 제시하고 성과가 나오게 된 이후 그다음 단계에서나 할 수 있는 이야기입니다.

공통점 3: '생각'과 '작업'의 차이와 가치를 이해한다

'뭔가 활동하는 것'이나 '뭔가 작업하는 것'만이 일이라는 인식밖에 없는 환경에서는 충분한 생각 없이 그래프를 그리는 작업부터 시작하기 십상입니다. 이를 바람직하다고 여기기 때문입니다.

'생각'의 중요성과 이를 위해 필요한 환경을 이해한다면, 충분한 시간과 환경의 필요성을 검토하고 준비할 수 있을 것입니다. 학교를 예로 들자면, 강의실 수업으로 끝내는 것이 아니라 워크숍 등을 통해 생각할 수 있도록 수업 시간 일부를 할애해주는 것을 말합니다. 또한, 직장이라면 평소의 분위기에서 벗어날 수 있도록 일정 시간 격리된 장소(off-site라고 합니다)를 이용해 생각할 수 있는 시간을 주고, 토론 장소를 따로 마련하는 것 등이 이에 해당합니다.

공통점 4: 결과물을 적절하게 평가할 수 있는 사람이 있다

'우리는 열심히 했는데, 선생님과 직장 상사가 이를 이해하지 못한다', 혹은 '관심이 없다'라고 한다면, 더 나은 결과물을 목표로 힘내고자 하는 동기 부여가 생기지 않습니다.

상급자(선생님, 직장 상사)는 결과물에 대해 어느 정도 평가를 하고 피드백을 줄 수 있는 능력을 갖추어야 합니다. 그러나 실제로는 그런 교육이나 훈련을 제대로 받은 사람은 드물기 때문에 쉽게 실현 가능한 것은 아닙니다. 이를 실천하고자 해도 어려운 경우가 압도적으로 많을 것입니다.

필자는 이러한 평가자와 조언자로서 고등학교, 대학, 기업, 지자체 등에서 활동하고 있습니다. 외부에 의뢰하는 것 또한 하나의 방법입니다.

데이터 문해력에 뛰어난 사람이 되려면

앞에서 열거한 공통적인 환경을 갖추었다면, 개개인이 '데이터를 다루기 위한 시간과 동기 부여'를 확보할 수 있는 조건이 준비된 것입니다.

다만, 모든 조건이 완벽하게 갖춰지는 것을 기다릴 필요는 없습니다. 가급적 빨리 이러한 환경에 가까워질 수 있도록 노력한다면, 개인과 조직의 역량 향상 속도가 빨라지고 실현 가능성도 높아질 것입니다.

외부 환경을 설명했지만, 결국 자신의 각오와 의지가 모든 것의 전제가 된다는 것은 변함없습니다. 아무리 환경이 갖추어졌다고 하더라도, 이를 활용하는 자신에게 의지가 없다면 무의미합니다. 그리고 자신의 의지에 따라 조직의 환경을 만들어가거나 다듬는 것 또한 가능할 것입니다.

필자의 경험으로 보건대, 데이터 문해력을 갖춘 사람은 이러한 각오나 의지가 남다르다고 단언할 수 있습니다.

그럼, 여러분도 이 책을 계기로 첫걸음을 내디뎌 보면 어떨까요? 물론 힘들고 고될 수도 있지만, 분명 즐겁고 흥미로울 것이며 게다가 이를 자신의 손으로 찾아낸다는 지적인 흥분 또한 느끼게 될 것입니다.

끝까지 읽어주신 점, 감사드립니다.

이 책은 데이터 활용에 관한 필자의 수많은 활동을 집대성한 것입
니다.

누구나 '데이터는 있지만 제대로 활용하지 못하고 있다'라는 고민을
안고 있는 가운데, 아무리 다양한 방법론과 지식을 동원해서 데이터
분석을 시도해본다 한들, 결국은 이 책에서 이야기하고 있는 핵심으로
돌아온다는 것을 필자 자신도 여러 차례 경험한 바 있습니다.

'데이터를 활용한다'란, '잔재주'로 가능한 것이 아닙니다. '올바른 목
적을 설정하고 그 목적에 따라 데이터를 활용해서, 적절히 제시한 결과
를 결론으로까지 끌어낸다'는 본질적인 흐름을 중시하고, 과정 하나하
나 신중히 밟아가야 합니다. 그것이 바로 가치 있는 성과를 창출하기
위한 필수 조건이란 점을 이 책을 통해 느끼셨다면 바랄 나위 없겠습
니다.

자, '데이터 활용'이라는 스킬업을 향해 출발!

이 책에서 설명한 내용은 전문가 수준의 지식이나 기술을 필요로 하
지 않습니다. 사회인은 물론 학생들도 바로 이해하고 적용할 수 있는
수준입니다.

단, 여러분의 기대에는 부응하지 못할 수도 있고, 지식을 외우거나
방식을 흉내 내서 내일 당장 성과를 낼 수 있는 내용도 아닙니다. 오히

려 지금은 틀이 갖추어진 업무는 기계가 인간보다 더 잘 해내는 시대입니다.

하지만 아무리 기계가 발달하더라도, 인간만이 할 수 있는 것이 있으며, 이 책은 인간이 능력을 발휘할 수 있도록 하는 기술을 설명하고 있습니다.

나이와 직업에 상관없이, 누구나 언제든지 스킬업을 향한 출발이 가능합니다. 이 책을 끝까지 읽은 여러분도 모쪼록 지금 시작하시기 바랍니다.

실제로 지금까지 적극적으로 데이터 활용을 하지 않았던 지자체의 담당 공무원 분들도 이 책에서 소개한 단계를 하나씩 거치면서 데이터 활용을 통한 성과를 내고 있습니다. 대부분은, 첫날 이 책 내용에 따른 강의를 수강한 후 자신의 과제를 다룬 워크숍을 진행합니다. 예를 들어, 'SNS 등을 통해 지역 정보 송출을 더 확대하려면'이나 '아동 대상 시설의 이용률 향상을 위한 힌트를 찾고자 한다' 등, 구체적이고 가까운 사례를 주제로 삼도록 하면, 더욱 성공률이 높아지며 논리적인 검토가 원활해집니다.

데이터를 활용하면서도 만족할 만한 성과가 나지 않았던 민간 기업에서도 방법은 마찬가지입니다. '데이터를 활용해야만 한다'라는 중압감에 억눌려서 그래프만 쌓이고 앞으로는 한 발자국도 나가지 못하는 상태가 계속되지는 않나요?

실제로 많은 분이 이 단계에서 벗어나지 못하고 고뇌하고 있습니다. 즉, 시작을 위한 기반이 제대로 다져지지 않은 상태에서 작업만 늘어나고 있는 것입니다. 만약 이런 상황에 봉착했다면, 이 책을 다시 펴보고

'나는 대체 무엇을 하고 싶고, 알고 싶은 것은 무엇인가'에 대해 자문해 보길 바랍니다.

고등학생을 대상으로 한 '데이터 활용' 수업 요청이 최근 늘어나고 있습니다. 고등학생들은 스스로 의제를 설정하거나 과제를 고찰하는 의식이 부족한 편이기 때문에, 일반론과 기존 그래프에서 '정답'을 찾아내려고 합니다. 정답 중심 교육의 부정적인 면이 데이터 활용에 치명적으로 작용한 결과입니다.

이 책에서는 지금까지의 학교 수업에서 경험하지 못했던 사고방식과 두뇌 사용법을 소개하고 있습니다. 이러한 것을 더 일찍 공부하고 적용한다면, 앞으로 학생들의 발전 가능성은 더욱 커질 것으로 생각합니다. 필자는 그런 의미에서도, '데이터 활용'은 단순히 주입형 지식이 아니라 생생한 분석 방식 중 하나라고 확신합니다.

이 책의 내용이 독자 여러분의 경력 개발과 풍요로운 인생을 개척하기 위한 무기가 되고 기술이 되기를 기원합니다.

막혔을 때 꼭 떠올렸으면 하는 필자의 조언

마지막으로, 지금까지 설명한 내용을 더 짧은 문장으로 정리해 필자의 SNS 등에 게재한 것을 몇 가지 소개하겠습니다. 이 책을 전부 읽은 분은 참뜻을 이해하리라 생각합니다.

- 데이터 분석을 통해 얻을 수 있는 결과가 목적을 잘 반영하고 있는지는 데이터의 양과 분석 방법에 좌우되지 않는다.

- 데이터 분석이란 눈앞의 데이터로부터 어떤 패턴을 추출하는 것이 아

니다.

- ‘데이터를 통해 판독'한 정보는 아무리 훌륭한 데이터 사이언스를 구사하더라도 시사점(인사이트)이라고 할 수 없다.

- ‘데이터 분석 방법'과 ‘데이터 분석을 활용하는 방법'은 전혀 다른 개념이다.

- 목적이 애매하면 그것이 잘 풀릴지는 운에 의지하게 된다. 애당초 잘 풀리고 있는지 어떤지조차 평가할 수 없겠지만.

- ‘분석'도 ‘데이터'도 어디까지나 수단이고 도구일 뿐, 답을 제시해주지 않는다.

- ‘데이터 분석을 통해 성과를 낸다'는 것은 ‘나무로 가구를 만든다'에 비유된다. 좋은 목재(데이터)가 있고 못을 박는 실력(분석 방법과 통계 지식)이 뛰어나더라도, 어떤 가구를 어떻게 만들지 자신이 모른다면 가구를 완성할 수 없다.

이 책의 내용은 대부분 오키나와의 킨쵸에 위치한 바다가 보이는 콘도미니엄에 틀어박혀 작성했습니다. 그러한 자유를 허락해준 아내 아키코와 아들 유우키, 딸 토모카에게 감사의 말과 함께 이 책을 전합니다.